우암 송시열 선생 공부하기

조선 성리학의 순교자 송자

남간사유회 편저

오늘의
문학사

우암 송시열 선생 공부하기
조선 성리학의 순교자 송자

남간정사와 기국정 주위

우암사적공원 조성기

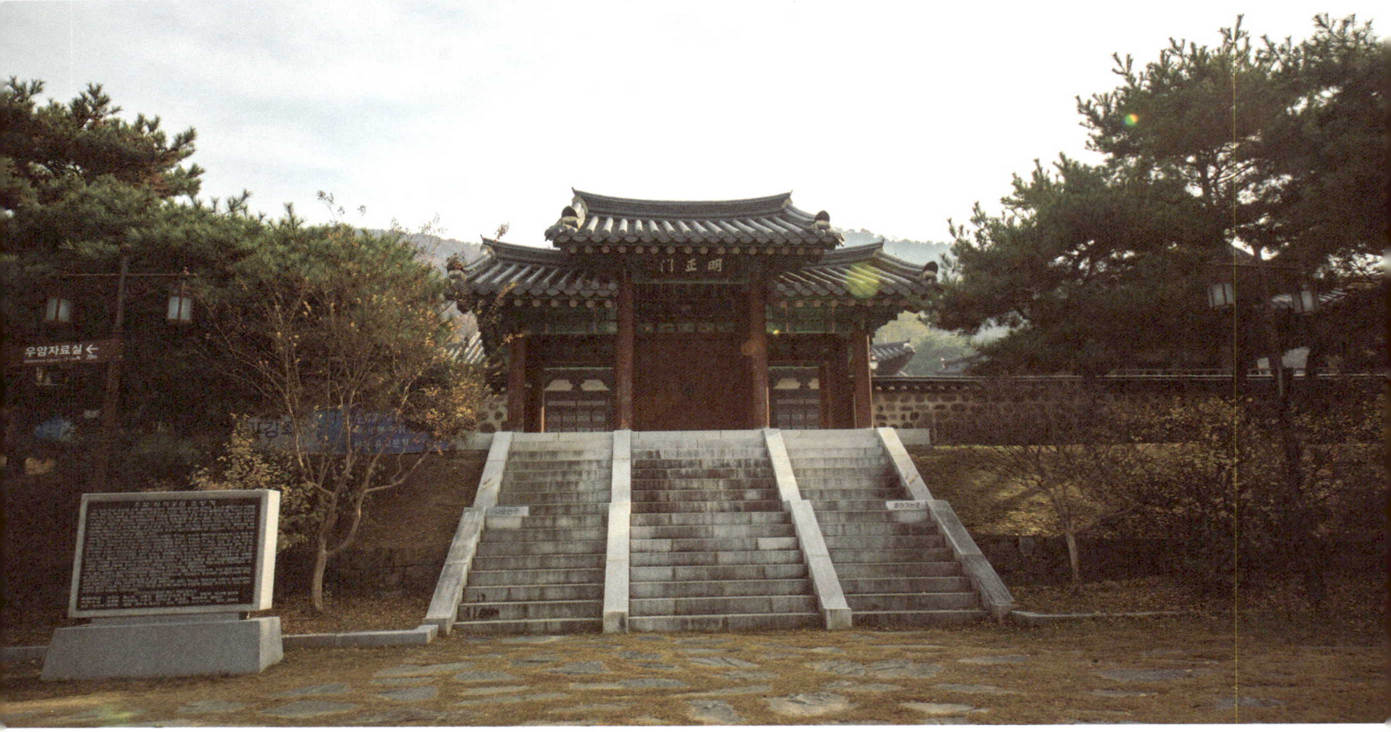

明正門
우암자료실

明正門

우암 사적공원 조성기
이 곳은 우암 송시열(尤菴 宋時烈)선생이 강학하시던 곳이다 선생은 흥농촌(興農村)에 서재를
세워 능인암(能仁菴)이라 하였고 숙종구년 능인암 아래에 남간정사(南澗精舍)를 지었다 선생은
이곳에서 많은 제자를 길러내는 한편 학문을 대성하였고 효종(孝宗)의 뜻을 받들어 병자호란때
의 치욕을 씻고자 북벌을 계획하였다 선생의 도학(道學)과 절의(節義)정신은 당대 뿐만 아니라
후학들의 귀감이 되었으며 선생이 수명하신후 후학들이 선생을 우러러 사모하는 뜻에서 종회사
(宗晦祠)를 세우고 주자(朱子) 우암(尤菴) 수암(遂菴) 삼선생을 배향하였다 그후 종회사는 대
원군때 훼철되고 일천구백삼십육년 사림과 후손이 남간사(南澗祠)를 건립하여 우암 수암 석곡
(石谷)을 배향하고 제향을 받들어 왔다
나라를 되찾은 지 반세기 우리는 선생의 거룩한 정신을 배우며 제세안민(濟世安民)의 도를 닦
아야 함을 자각하게 되었다 따라서 대전시에서는 시민의 마음을 모아 이 유서깊은 곳에 선생의
높은 뜻을 기리고 후손들에게 우리의 전통문화를 배우고 익히며 그 맥을 이을 수 있는 명소로
보존코자 우암 사적공원 조성 계획을 수립 대역사를 착수하였다 여기에는 칠개년에 걸쳐 총 이
만여명의 인력이 참여하였고 수많은 중기가 투입되었으며 공사는 오개업체(미림 중산 동일 진
강 도성)가 맡아 시공하였다 조성 구역은 문화재보호 구역으로 지정된 일만육천평으로 그 중
일만여평은 매입하였고 오천여평은 종손및 유회의 사용승낙을 받아 운평집(雲坪集)에 수록된
내용을 토대로 문화재위원 사계학자등 각계권위자의 고증과 자문을 받아 서원건물팔동(남간사
이직당 심결재 견뢰재 명숙각 인함각 내삼문 외삼문)과 유물전시관 장판각등을 건립하였고 소
나무외 이십사종의 수목 일만삼천여본을 식재 조경공사를 완료하였다
이와 같은 사업은 일천구백구십일년 대전시에 의하여 계획 착공되었으며 그후 일천구백구십오
년 칠월 일일 민선자치 시대를 맞이 하면서 본격적으로 추진되어 총공사비 일백십억원을 투입
일천구백구십칠년 십이월 삼십일일에 완공하였다
우암 사적공원이 우리 고유의 전통윤리를 바탕으로 대전 정신을 창조하는 역사의 참교육장이
되리라 믿어 의심치 않는다 선생의 도(道)는 천지(天地)와 더불어 영원할 것이며 이 사업 역시
선생의 도와 더불어 영원하리라
일천구백구십팔년 무인 사월 십육일

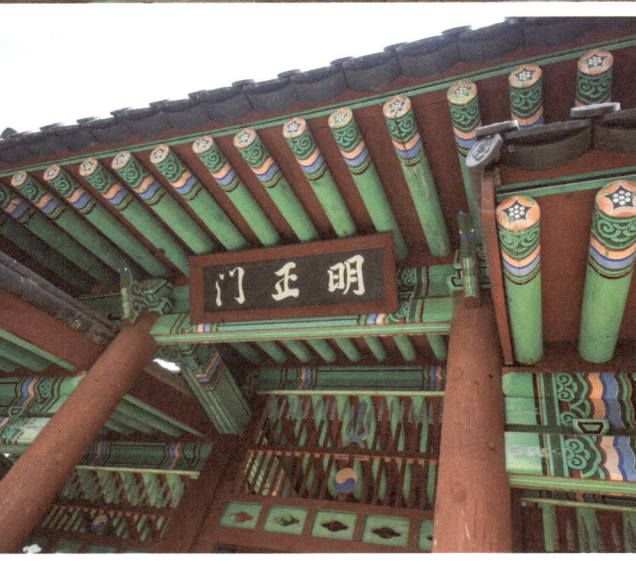

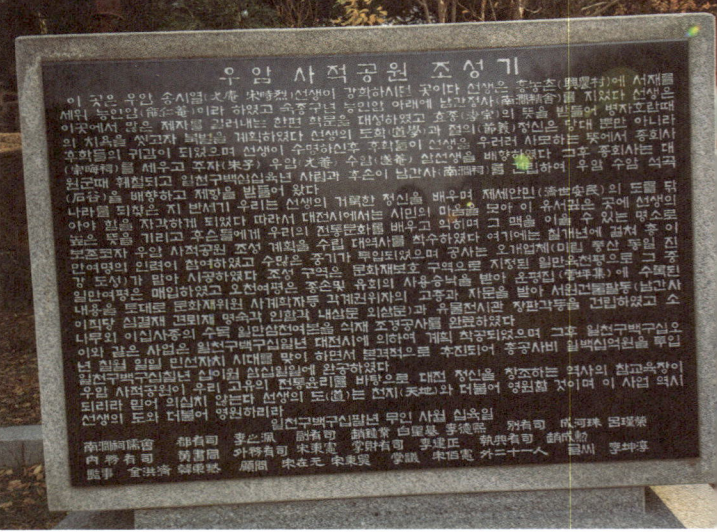

관리실과 송자대전판

견뢰재 및 심결재 주위

인함각 및 명숙각 주위

유물관 및 자료실

후문과 연못 주위 풍경

영동 한천정사 유허비 주위

화보 ※ 13

목차

발간사 | 16

우암 송시열 선생 소개 | 18

우암 송시열 선생의 생애와 사상 | 25

1장 곧은 삶과 험난한 생애
  1. 큰 스승 송부자 | 26
  2. 출생과 수학 | 29
  3. 병자호란과 효종과의 만남 | 35
  4. 세도를 책임지다 | 40

2장 학문과 사상
  1. 학문의 연원 | 50
  2. 인간의 어진 본성과 의리 | 56
    1) 바르게 사는 길 | 56
    2) 바른 인식과 호연지기 | 62
  3. 예학과 예론 | 69
    1) 가정의 운영과 예학 | 69
    2) 왕실의 전례와 예론 | 73

우암 송시열 선생 공부하기
조선 성리학의 순교자 송자

4. 정의가 바로 선 나라 | 78
   1) 민족의 위기와 재건의 길 | 78
   2) 인륜세계의 붕괴와 문명수호의 정신 | 82
   3) 세도를 자임하다 | 83
   4) 친명 배청의 의리와 세계 정의 | 91
   5) 문화 의식과 민족의 정체성 | 93
   6) 도통수립과 정통의식 | 96

5. 백성을 위하는 나라 | 100
   1) 국가 재건의 방도 | 100
   2) 어진 임금, 바른 정치 | 101
   3) '손상익하損上益下'의 개혁 | 105

3장 사후의 우암 계승
  1. 학문과 사상의 계승 | 114
  2. 문묘와 서원의 배향 | 115

탄생 400주년 문화제 영상 초록 | 121

우암 송시열 선생 연보 | 128

발간사

송부자宋夫子 우암尤庵 송시열宋時烈 스승 '공부하기 자료집'을 발간합니다.

우암 송시열 선생은 우리 겨레의 큰 스승입니다. 조선 중·후기 역사에 가장 큰 영향력을 끼쳤던 대정치가요 사상가며, 성리학과 예학의 대표적인 대학자셨습니다.

방대한 『조선왕조실록』에 그 성명이 3천회 이상 등장하는 이는 송부자 한 분 뿐이니, 한국사에 있어서 스승의 역사적 위상을 단적으로 드러내 주고 있습니다. 그만큼 많은 일에 연관되어 있고, 학문계와 정치계에 엄청난 영향을 끼치신 분입니다.

송부자, 우리의 스승께서는 의리정신에 투철한 도학자이며, 어느 유자의 인격과 학문을 대신할 수 없는 당대 최고의 큰 선비요, 사림의 종장으로 문묘에 배향되셨습니다. 더욱이 정조대왕께서 '부자夫子' 칭호를 내리셔서, '송부자宋夫子'라고 존칭되셨고, 문집은 『송자대전宋子大全』이라 명명되었습니다.

중학생과 고등학생, 그리고 대학생을 비롯한 청소년들이 우리 역사와 향토사를 배우고자 하는 마음이 있어도 자료가 귀한 것이 현실입니다. 그리하여 우리 남간사유회에서 청소년을 위한 자료집 '우암 송시열 선생 공부하기' 『조선 성리학의 순교자 송자』를 발간하기로 계획하였습니다.

다음과 같은 편집 방향을 정하고 추진하였습니다.

첫째, 준비되어 있는 '우암 선생 소개' 우리글과 영어 번역본 자료를 수록한다.

둘째, 송자 탄신 400주년 기념사업으로 본회에서 발간한 『송시열, 생애와 사상』(김문준 교수 집필)을 기본 자료로 하여, 청소년들이 독서하고 사고할 수 있게 항목에 따른 주관식 문제를 제공한다.

셋째, 송자 탄신 400주년 기념사업으로 본회에서 제작한 '다큐멘터리' CD 『송자 우암 송시열』의 내레이션을 채록하여 글로 정리하고, 일부 화면을 사진으로 선택하여 역사적 의미를 되새기게 한다.

넷째, 우암 연보를 일부 보완하여 새롭게 정리하고, 연관된 사진을 추가한다.

우리 역사를 되살리고, 청소년들에게 겨레의 얼을 계승하는 본회 사업을 지원해 주신 대전광역시에 감사드립니다.

더불어 어려운 작업인데도, 남간사유회 임원, 이상희·리헌석 편집위원이 수고하였습니다. 고마운 인사를 드리면서, 청소년들에게 좋은 공부 자료가 되기를 소망합니다.

2018년 12월
남간사유회 회장 송 준 빈

우암 송시열 선생 소개

우암尤庵 송시열宋時烈 선생先生

우암尤庵 송시열宋時烈 선생先生은 조선중기朝鮮中期의 대표적인 유학자儒學者로 논리적 문장과 서체書體에 뛰어났고, 평생 주자학朱子學 연구研究에 몰두하여 율곡栗谷 이이李珥 학통學統을 잇는 기호학파畿湖學派의 주류主流로, 한국 유학사儒學史에서 중대한 위치를 차지하고 있다.

본관本貫은 은진恩津이고, 자字는 영보英甫, 호號는 우암尤庵이며, 시호諡號는 문정文正이다. 봉사奉事 송갑조宋甲祖의 자子로, 1607년에 충북 옥천에서 출생하여, 1609년까지 사셨다. 아명兒名은 성뢰聖賚로 김장생, 김집의 문인門人으로 성리학性理學과 예학禮學을 배웠고, 1633년에 생원시生員試에 장원壯元으로 합격, 경릉참봉敬陵參奉을 거쳐, 1635년 봉림대군鳳林大君이 잡혀가자 낙향落鄕하여 학문에만 전념하였다.

효종孝宗이 즉위卽位하자 다시 벼슬에 나가 장령掌令, 세자시강원진선世子侍講院進善, 집의集義를 지내면서 13개 조항條項의 봉사封事를 올렸다.

집권당執權黨인 서인西人 중, 청서파靑西派에 속했던 그는, 공서파功西派의 김자점金自點이 영의정領議政에 오르자 낙향落鄕, 동춘당同春堂 송준길宋浚吉과 함께 서적편찬書籍編纂 및 후진양성後進養成에 몰두하였다. 김자점의 몰락沒落 후, 효종의 북벌계획北伐計劃을 도우며 집의集議, 이조판서吏曹判書 등을 지냈는데, 효종의 갑작스런 죽음으로 북벌계획은 무산되었다.

제1차 예송논쟁禮訟論爭(자의대비慈懿大妃의 복상服喪 문제로 남인南人이 실각) 후, 현종顯宗의 신임을 얻어 숭록대부崇祿大夫 좌참찬左參贊 등을 지냈으나, 우찬성右贊成에 재직在職 중, 남인南人의 탄핵彈劾을 받고 낙향하였다. 1671년

다시 우의정, 좌의정을 지냈다.

제2차 예송논쟁禮訟論爭(인선왕후仁宣王后의 죽음으로 자의대비慈懿大妃의 복상문제服喪問題가 논의論議되어 실각失脚) 후 덕원, 웅천, 거제, 청풍 등지에서 유배생활流配生活, 경신환국庚申換局으로 귀양에서 풀려나 영중추부사領中樞府事를 거쳐 봉조하奉朝賀에 올랐다.

노소분당老小分黨 이후 정계에서 은퇴隱退, 청주 화양동에 은거하다가 1689년 숙종肅宗에게 경종景宗의 왕세자 책봉冊封을 반대하는 상소上疏를 올렸다가 제주도에 유배流配되었고, 이어서 국문鞠問을 받기 위해 서울로 이송移送되던 중, 정읍井邑에서 사사賜死되었다. 그리고 1694년 숙종肅宗 20년에 갑술옥사甲戌獄事를 계기로 신원되었다.

선생은 이이李珥의 학통을 계승한 주자학의 대가로서 기호학파畿湖學派의 주류를 이루었다. 그리하여 이황李滉의 이원론적二元論的인 이기호발설理氣互發說을 배격하고, 이이李珥의 기발이승일도설氣發理乘一途說을 지지하여 사단칠정四端七情이 모두 이理하여 일원론적 사상一元論的 思想을 발전시켰다. 예론禮論에도 밝은 그는 성격性格이 과격過激하여 정적政敵을 많이 만들었지만, 문하門下에 많은 인재人才를 배출하기도 하였으며, 글씨에도 일가一家를 이루었다고 한다. 효종孝宗의 묘墓를 비롯하여 청주의 화양서원華陽書院, 여주의 대로사大老祠, 수원의 매곡서원味谷書院 등, 전국에 70여개의 서원書院에 배향配享되었다.

저서著書로는 〈송자대전宋子大典〉, 〈우암집尤庵集〉, 〈송서습유〉, 〈주자대전차의朱子大全箚疑〉, 〈정서분류程書分類〉, 〈주자어류소분朱子語類小分〉, 〈논맹문의통고論孟問義通攷〉, 〈심경석의心經釋義〉, 〈사계선생행장沙溪先生 行狀〉 등이 있다.

U-am, Song Si-yeol

Song Si-yeol was a representative Confucian scholar during the mid-Joseon Dynasty, and was distinguished in his logical style of writing and calligraphy. He was absorbed in the teachings of Chu-tzu during his lifetime achieving an important position the history of Korean Confucianism as a leader of the Giho School who inherited the scholastic mantle of Yul-gok.

Song's place of origin is Eunjin, and his after-marriage name was Yeong-bo while his pen name was U-am. His posthumous title was Munjeong. He was born as bongsa Gap-jo's son (a bongsa was an 18th-grade government official during the Joseon Dynasty) in Okcheon, North Chungcheong Province in 1607 [in the year of Jeongmi during the reign of King Seonjo], and died in 1689 [in the year of Gisa during the reign of King Sukjong].

His childhood name was Seong-rye, and he studied Neo-Confucianism and Ethics as a pupil of Kim Jang-saeng and Kim Jip, passed the minor civil examination (in the department of Confucian scriptures) first on the list, and became a public official who took care of a royal tomb called Gyeongreung as a chambong (an 18th-grade government official). In 1635, when Prince Bong-rim was arrested, he retired to the country and devoted himself only to his studies.

When King Hyojong ascended the throne, he again entered the

government taking such positions as a jangryeong (a 4th-grade government official in charge of inspection), a teacher charge of the Crown Prince and a jipeuy (a 6th-grade government official), and sent up 13 memorials to the throne.

Song, who belonged to the Cheongseo faction of the ruling Seoin (westerners) Party [the Giho School], retired to the country as Kim Ja-jeom of the Gongseo faction was ascended to the position of prime minister, and was absorbed in compiling books and training the upcoming generation with Song Jun-gik. After the downfall of Kim Ja-jeom, he helped King Hyojong with his plan for conquering of China under the Ch'ing Dynasty while taking the positions of a jipeuy and then the Minister of Interior, but due to the abrupt demise of King Hyeojong, the plan was abandoned.

After the 1st Protocol Contention (the issue of which was whether or not wearing mourning for Queen Dowager Ja-eui and caused the Namin (southerners) Party to be overthrown), Song won King Hyeonjong's confidence and took positions including a jwachamchan (2nd-grade) in the Euyjeongbu (the Parliamentary Government Agency,) but he was impeached by the Namin Party [the Yeongnam School] while serving as an uchanseong (a 2nd-grade official who assisted the prime minister, the first and second vice ministers), and retired to the country.

In 1671, he came back and served as second vice premier and then first vice premier. After that, he fell from power due to the 2nd Protocol Contention (which was triggered off by the death of Queen In-seon over the same issue) and spent his time in exile in such places as Deongwon,

Ungcheon, Gcoje, Cheongpung, but in 1680, he was released from his exile thanks to the Gyeongsinhwanguk (an incident of a group of the Seoin Party throwing out their political opponents, Southerners and taking power in the year of Gyeongsin), and took important positions in the government such as an yeong-ung chubusa (minister of state without portfolio in the 1st-grade government position) and a bongjoha (a 4th-grade position which was given to government officials who were retired.)

After the Seoin Party was split into the Elders Party and the Youths Party, Song retired from political life to hermitage in Hwayang. In 1689, he sent up a memorial to King Sukjong in which he opposed the investiture of the Crown Prince (who later became King Gyeongjong), was exiled to Jeju Island, and then killed himself at Jeongeup with poison which was bestowed on him by the King as a death penalty while he was carried to Seoul to be on trial for capital crimes he committed. In 1694 (the 20th year of King Sukjong's reign), he was cleared with the Gapsul Prison Incident.

Song was an authority on the teachings of Chu-tzu, inherited Yi Iy's scholastic mantle, and led the Giho School. Thus, he rejected Yi Hwang's dualistic principles of the reciprocal revelation of reason and energy[vigor], upheld Yi Iy's rationalistic principles of energized vigor being sublimated by reason and then incorporated into it, and further developed his [Yi ly's] monistic thought of reason controlling the four virtues (benevolence, righteousness, propriety, and wisdom) and the seven feelings (joy, anger, sorrow, fear, love, hate, and lust).

Song was clued up to theories of the proprieties, and produced many men of distinguished talent under him, although he made as many political foes due to his radicalness in nature. He was also such an authority on handwriting that his works of calligraphy are enshrined in the Confucian Temple and King Hyojong's Tomb, as well as about 70 lecture halls nationwide including Hwayang Lecture Hall, Daero Temple in Yeoju, and Maegok Lecture Hall in Suwon.

He was the author of many writings, such as "Song-ja's Law Book," "U-am's Collection of Writings," "An Explanation of Chu-tzu's Collection of Writings," "Excerpts from Jeong-ho and Jeong-i's Anthology," "Excerpts from Chu tzu's Questions and Answers," "An explanation of Analects and Mencius," and "An Exposition on the Development of Disposition."

우암 송시열 선생의
생애와 사상

우암 송시열 선생의
생애와 사상

1장 곧은 삶과 험난한 생애

1. 큰 스승 송부자

송부자의 위상

우암尤庵 송시열(宋時烈:1607~1689) 선생은 우리 민족의 큰 스승이다. 우암은 17세기 중엽 이후 조선 후기 사에 가장 큰 영향력을 끼쳤던 대정치가요 사상가며 성리학과 예학의 대표적인 대학자였다.

방대한 『조선왕조실록』에 그 이름이 3천회 이상 등장하는 이는 우암 선생 한 사람 뿐이라는 증언은 한국사에 있어서 우암의 역사적 위상을 단적으로 드러내 주고 있다. 그만큼 많은 일에 연관되어 있었고 학문계와 정치계에 엄청난 영향을 끼친 분이다.

우암 선생은 의리정신에 투철한 도학자이며 어느 유자의 인격과 학문을 대신할 수 없는 당대 최고의 거유巨儒요 사림의 종장이었다. 우암 선생이 돌아가신 후 조선 정부는 공식적으로 "주자는 공자 후의 제 1인자孔子後一人이고, 우암은 주자 후의 제 1인자朱子後一人"라고 칭송하고 문묘에 종사했다.

더욱이 조선 후기에 가장 뛰어난 업적을 남긴 정조대왕이 조선 유학사상 유례없이 높은 선생님이라는 뜻인 '부자夫子' 칭호를 붙여 '송부자宋夫子'라고 존칭하고, 그의 문집을 『송자대전宋子大全』이라고 명명했다. 중국학자 가운데에서도 단지 주자의 문집만이 『주자대전朱子大全』이라는 칭호를 가지고 있을 뿐이다.

송자라고 부른 이유

우암 선생을 송자朱子라고 부른다. '자'라는 칭호는 '부자夫子'를 줄인 말인데, 공자, 맹자, 주자라고 하듯이 큰 선생님이라는 뜻이다. 우리나라의 대학자이자 스승이신 퇴계 이황 선생이나 율곡 이이 선생도 '이자'라고 존칭하지 않았는데, 우암 송시열 선생을 송자라고 하였으니 작은 일은 아니다. 그러면 어째서 우암 선생을 송자라고 하는가? 그 이유를 잘 알아야 할 것이다.

우암 선생을 송자라고 칭한 것은 그 문인들이다. 정조가 우암의 문집을 평양감영에 찍어 내라고 명하였는데, 우암 선생 문인들이 『송자대전』이라고 이름을 붙여 인쇄했다. 우암의 제자들은 자부심을 가지고 있었다. 그동안 한국에 수많은 학자가 나오고 스승이 나왔지만, 우암의 제자들은 우암 선생이야말로 세상의 어떤 분보다 훌륭하고 뛰어난 분이라고 생각했다.

우암 선생은 가장 크고 바르게 인간이 살아 갈 길을 제시한 분이며, 이로서 한국에서 드디어, 공자, 맹자, 주자처럼 큰 스승이 나왔다고 생각한 것이다. 그들은 주자를 '공자 후 일인자'라고 생각하였듯이 송자를 '주자 후 일인자'라고 여겼다. 우암 선생도 반드시 주자를 통해서 공자를 알아야 한다고 했는데, 우암의 제자들은 우암을 통해서 주자를 알아야 한다고 했다.

어째서 송자는 주자 후 일인자인가? 그리고 그것은 무슨 의미인가? 그것을 아는 것은 우암 선생의 학문과 생애를 아는 과정이며 한국 후기의 지성사를 이해하는 핵심 내용이 될 것이다.

문제

1. 우암 송시열 선생을 '송자'라고 칭하는 까닭을 써 보세요.

2. 〈공자 - 주자〉의 관계, 그리고 〈주자 - 송자〉의 관계를 설명하세요.

2. 출생과 수학

공자가 준 아이

우암은 선조 40년(1607)에 충청북도 옥천군 구룡촌에서 태어났다. 아버지는 사옹원 봉사를 지낸 송갑조(수옹공)이며, 어머니는 선산 곽씨로 봉사 곽자방의 딸이다. 이곳에서 26세(1632)까지 살았다. 후에는 대전 회덕의 송촌동·비래동·소제동 등지에서 살았으므로 회덕인으로 알려져 있다.

우암의 아버지 수옹공은 임진왜란 때 종형(4촌)들과 한양에서 관동(강원도)으로 피난 갔다가 다시 충남 회덕의 종친가에 잠시 의탁하다가 1594년에 구룡천의 곽씨 집안에 혼인하여 그 곳에 정착했다.

수옹공과 곽씨 부인은 모두 7남매(5남 2녀)를 두었으며, 우암은 위로는 누님 한 분과 형님 두 분에 이어 네 번째로 탄생했다.

우암의 어머니는 명월주를 삼키는 꿈을 꾸고 선생을 임신했다고 한다. 우암이 태어날 때에는 아버지 수옹 선생이 마침 종가의 제사 일로 충북 청산의 관사에 있었다. 그날 밤 꿈에 공자가 여러 제자들을 거느리고 집으로 오는 꿈을 꾸었는데, 조금 후에 선생을 해산했다는 기별이 왔기 때문에, 어릴 때의 이름을 성뢰聖賚라고 했다. '성聖'은 '성인'이라는 뜻이고, '뢰賚'는 '주다' '선물'이라는 뜻이니, 성인이 하사했다는 뜻이다.

우암은 3세 때에 혼자서 이미 글자를 깨우쳤으며, 7세 때에는 그의 두 형이 읽은 글을 받아 적을 줄 알았다고 한다. 그 뒤로 우암은 아버지를 비롯하여 당시의 유명한 학자들에게서 학문을 배웠다.

우암이 공부하던 곳에는 용문서당(현재 용문영당)이 있으며, 이지당(각신서원)

과 창주서원묘정비도 현재 남아있다. 이지당은 중봉 조헌 선생이 후학을 가르치던 서당으로 각신서당이라고 하다가 우암이 시전詩傳에 있는 "산이 높으면 우러러 보지 않을 수 없고 큰 행실은 그칠 수 없다[高山仰止 景行行止]", 라는 문구에서 끝의 '止'자를 따서 이지당二止堂이라 했다.

평생의 동반자 동춘당

우암은 8세에 청좌와 송공의 집에 가서 그의 아들과 함께 공부했다. 청좌공은 이름이 이창이며, 수옹공과 같이 쌍청공의 자손이다. 또한 모두 정헌공 이윤경의 외손이다. 그의 아들은 동춘당 송준길 선생(1606~1672)으로 선생보다 한 살 위였다. 두 선생은 이때부터 훗날 양송으로 불리는 특별한 도의의 교분을 맺었다.

주자와 율곡과 정암과 매월당을 배우다

우암이 11세 되던 해(1617:광해 9)에 아버지 수옹공이 사마시에 합격하여 성균관 유생이 되었다. 그 다음해에 광해군이 새어머니인 인목대비를 폐위 시켜 서궁에 유폐하고 인목대비의 친정도 멸문시키는 일이 일어났다. 그러나 수옹공은 유생의 신분으로 대비에게 홀로 나아가 거적을 깔고 사은숙배했다. 이 일로 과거가 금지되어, 구룡촌으로 돌아와 정사를 세우고 자제들과 향리 유생 교육에 전념했다.

서궁 유폐 사건은 조선 500년 동안 유일하게 자식이 어머니를 폐위시킨 사건이었다. 광해군은 친형인 임해군과 배다른 아우인 영창대군을 역적의 누명을 씌워 죽였다. 자식이 어머니를 쫓아내고 형제를 죽인 일은 유학자들에게 용납 될 수 없는 일이었으며, 후에 인조반정의 명문이 되었다.

우암은 고향으로 돌아온 아버지의 가르침으로 학업이 더욱 진보되었다. 우암은 12세 때부터 아버지로부터 『격몽요결擊蒙要訣』을 배우면서 주자와 율곡을 흠모하도록 가르침을 받았다. '격몽요결'은 율곡선생의 책인데, 어리석음을 깨트리는 중요한 방법이라는 뜻이다. 수옹공은 언제나 성현이 되는 사업으로써 우암에게 가르치며 다음과 같이 격려했다.

주자는 후세의 공자이고 율곡은 후세의 주자이니, 공자를 배우려면 마땅히 율곡으로부터 시작해야 한다.

우암은 이 책을 다 배우고서 말하기를, "이 글처럼 하지 않으면 사람이 될 수 없다."하며 스스로 분발했다. 또한 수옹공은 정암 조광조 선생의 사업을 기록한 『기묘록』과 『해동야언』 등을 손수 베껴 주시면서, 정암 조광조를 배우지 않으면 안 된다고 하였고, 또한 다음과 같이 시를 지어보이면서 매월당 김시습도 사모하게 했다.

매월당 앞에 물 흐르고   梅月堂 前水
도봉산 위에 구름 끼었네   道峯山 上雲

관례와 혼인, 그리고 부친의 사망

우암은 18세 되는 해 5월 초하루에 지평현 관아에서 관례를 거행했다. 이때 종형 시혁이 지평 원이었는데, 관사에서 거처하며 간간이 용문산 절에 가서 글을 읽었다. 우암은 관례를 치룬 후 19세 되는 해(1625:인조3) 문정공 목은 이색의 후손인 도사 이덕사의 딸 한산 이씨와 혼인했다.

우암은 혼인후에 더욱 공부에 열중하여 금천사에서 글을 읽었다. 선생이 어릴 때부터 글을 읽으려고 많이 산중 방에 있었는데, 담박하게 먹으며 열심히 공부하여, 연일 자지 않기도 하고 연일 먹지 않으면서 조금도 게을리하지 않았다. 충숙공 이상길이 사람들에게 말하기를, "내가 송군을 보건대 계溪 아니면 곡谷이다."했다. 우계 성혼과 율곡 이이에게 비했던 것이다.

우암이 21세 되는 해(1628) 봄에 수옹공이 훈계한 서신을 받았다. 이때 후금 오랑캐들이 침입하자, 수옹공이 시급히 행재소로 가면서 도중에 서신을 보내기를, "난리 때문에 학문을 게을리 하지 말라. 아침에 도를 듣게 되면 저녁에 죽어도 된다."고 훈계했다. 그해 3월에 맏형 시희가 사망했다. 이 해에 매형 윤염이 벼슬하는 운산으로 큰 누이를 뵈러 갔다가, 마침 정묘호란이 일어나 매형도 싸움터에서 전사했다.

우암이 22세 되는 4월 초하루에 아버지 수옹공이 돌아가셨다. 수옹공은 인조반정후 사계 선생의 천거로 강릉재랑에 임명되고 경기 전사관을 역임하고 사옹원 봉사를 지냈다.

우암은 여러 형제들과 함께 시묘를 살며, 아침저녁 밥을 남자 종이 하게 하였고 3년 동안 부인을 보지 않았으며, 부인에게서 가져온 음식은 먹지 않았다. 울며 슬퍼함을 사람들이 차마 볼 수 없었다. 9월 초하루에 수옹공을 옥천의 적등강 가에 장사하고 구룡촌으로 돌아와 사당에서 곡을 했다.

사계 김장생 선생에게 수학하다

우암은 24세(1630)에 복을 벗고 연산의 문원공 사계 김장생 선생(1548~1631)에게 취학하여 거의 1년을 배웠다. 우암 선생은 어릴 때부터 그 문하에 드나들었는데 수옹공이 삼년상이 끝나자, 스승 섬기기에 전심했다.

우암은 옥천의 구룡에서 연산의 계상까지 1백여 리를 걸어서 다니면서 『근사록』·『심경』·『가례』 등 성리학과 예학을 배웠다. 문원공이 더욱 아끼고 매양 침식을 같이했다. 밤중에도 격물·치지와 심·성·정의 등을 자세히 논하여 설명해 주었다. 이에 선생이 더욱 스스로 분발하여 성현의 학문을 책임으로 여겼다.

우암이 25세 되는 해 8월에 김장생 선생이 돌아가셨다. 기년복(1년복)을 입으며 거처와 음식을 바꾸지 않았다. 이후로 김장생의 아들 신독재 김집 선생(1574~1656)에게 배우며, 이때부터 전적으로 주자의 글을 읽으며 행동과 규범을 한결같이 그의 법대로 준행했다. 10월 초하루에 진잠 성북리로 김장생 선생의 장례에 갔다. 송준길과 이유태와 함께 연명으로 곡하고 우암이 제문을 지었다.

이 당시 김장생·김집 부자의 문하에서 평생 지우로 지내게 되는 송준길·이유태·유계·김경여·윤문거·김익희 등과 함께 배웠다.

우암은 26세 되는 해 회덕(대전)의 송촌으로 이사하여 송준길 선생과 함께 아침저녁으로 서로 모여 끊임없이 공부했다.

문제

1. 광해군이 어머니, 친형, 동생에게 행한 일들을 밝히고, 그 일에 대하여 평가하세요.

2. 충숙공 이상길이 〈내가 송군을 보건대 '계' 아니면 '곡'이다〉라고 한 말을 풀이하고 그 의미를 설명하세요.

3. 병자호란과 효종과의 만남

생원시 장원 후 효종의 스승이 되다.

우암은 27세에 생원시에 응시하여 장원으로 급제했다. 이 답안이 유명한 '한번 음이었다 한번 양이었다 함을 도라 한다. [一陰一陽之謂道 : 주역의 계사전에 있는 말]'는 글이다. 당시 시험관이었던 최명길의 천거로 경릉(덕종과 두 왕비의 능)참봉이 되었으나 곧 사직했다. 이후에 정식으로 관직에 나가기 위해서는 대과에 응시해야 하는데 우암은 한번도 응시하지 않고 평생 도학 공부에만 전심했다.

우암이 28세 되는 해 4월에 송준길과 함께 경상도 지역을 유람했다. 이때 송준길이 상주에 있는 처가 우복 정경세의 집에 있었다. 우암은 송준길과 함께 경북 선산의 성남촌에서 만나 함께 인동으로 가서 당대의 명유 여헌 장현광을 방문하고, 고려말 대학자 길재의 묘와 사당(오산사)을 참배했다.

돌아와서는 송준길과 함께 김장생 선생의 묘를 참배하고, 이어 계상으로 가서 서원 향사에 참여했다. 이때 사림들이 김장생 선생을 향사하기 위하여 연산의 옛집 곁에 돈암서원을 세웠다. 우암은 송준길과 함께 성묘하고 서원으로 가서 향사하는 의절을 의논하여 정했다. 그 뒤에 김집 선생을 배향하고 '묘정비'의 비문을 지었다.

우암은 29세 되는 해 2월에 처음으로 제자를 받고 회덕 비래동에 서재를 지었다. 이곳 비래암에서 글을 읽으면서 재생을 가르쳤다.

그 해 11월에 인조의 2째 아들인 봉림대군(후일의 효종)의 사부로 임명되었다. 다음해 인현왕후(인조의 왕비)의 졸곡을 지낸 뒤, 대군과 상면하고 학문을 강론했다. 날마다 학문을 강론하면서 수리, 역법, 천문, 음악 등을 가르쳤다.

약 1년간의 사부생활은 효종과 깊은 유대를 맺는 계기가 되었다.

병자호란의 치욕과 10년간의 은거

1636년 병자호란이 일어나자, 우암은 인조를 호종하여 남한산성으로 피난했다. 그러나 45일 만에 후금의 누르하치(청 태종)에게 무릎을 꿇고 항복하는 치욕을 당하고 소현세자와 봉림대군이 인질로 잡혀가자, 벼슬을 버리고 낙향하여 10여 년간 일체의 벼슬을 사양하고 전야에 묻혀 학문에만 몰두했다. 그 해 12월에 교하에 가서 강화도에서 순절한 김익겸을 조상하고, 뒤에 묘표도 지었다.

우암은 벼슬에 나가기보다는 평생 동안 시골에 묻혀 학문하고 강론하기를 즐겼다. 우암은 27세부터 83세까지 약 56년간에 걸쳐 소명과 임명을 받은 회수가 무려 167회에 이르지만, 이에 응하여 나간 회수는 37회밖에 되지 않는다.

우암은 32세 되던 해에 별제로 승진되었으나 부임하지 않았다. 당시의 선비들은 무도한 야만국가로부터 당한 치욕을 이기지 못하여 조정을 떠나 깊은 산 속에 들어가 버렸다. 당시 우암의 동료인 이유태는 전라도 무주로 가고, 송준길은 경상남도 안음(함양 안의면)으로 갔다. 우암도 충북 영동으로 내려갔다. 우암은 한천 팔경으로 이름난 황간 냉천리에 은거하여, 가난하지만 날마다 제자들과 학문을 강론하고 수양에 몰두했다.

우암이 33세 되던 해 3월에 이유태, 윤선거와 함께 중봉 조헌 선생의 사적을 의논해서 정했다. 그해 9월에 용담 현령으로 임명되었으나 사양했다.

38세에는 익위, 사헌부 지평, 41세에는 세자시강원 익선, 진선 등에 임명되었으나 모두 나아가지 않고 회덕의 비래암에 들어가 제자를 가르쳤다. 42세에는 진잠 성전리로 이사하여 서재를 마련하고 제자를 가르치다가 2년 뒤에 다시 나왔다.

효종의 즉위와 「기축봉사己丑封事」

우암이 43세 되던 해(1649)에 인조의 뒤를 이어서 효종이 즉위했다. 효종은 즉위하자마자 청나라에 당한 치욕을 씻고자 염원하던 북벌을 추진했다.

효종은 먼저 정치기강을 바로 잡고 정부 체제를 확립하고자 훈척 세력인 김자점 일당을 몰아내고 학문과 행실이 맑고 깨끗한 학자들을 대거 기용했다. 특히 효종은 재야의 산림들을 물색하여 다섯 명의 산림에게 밀지(密旨 : 왕의 비밀 편지)를 내려 조정으로 은밀하게 불렀다. 이때의 인물이 김집, 송준길, 송시열, 이유태, 권시 등 5현이다.

우암은 세자시강원 진선, 사헌부 장령, 사헌부 집의 등의 관직에 차례로 제수되어 다시 벼슬에 나아갔다. 조정에 나온 우암은 바른 정치를 행하는 요목을 적어 장문의 「기축봉사」를 왕에게 올려 존주대의와 복수 설치를 역설했다. 그 내용은 임금의 덕을 함양하고 안으로는 힘을 기르고 밖으로는 오랑캐를 물리치는 '내수외양'의 정책을 서둘러 국력을 기른 뒤에 북벌을 도모하자는 내용의 13개 항목이다. 이것이 효종의 북벌의지와 부합하여 장차 북벌계획의 핵심 인물로 발탁되었다.

다시 고향으로

그러나 그 다음해(1651:효종2) 2월 우암이 찬술한 「장릉지문長陵誌文」에 청나라 연호를 쓰지 않았다고 김자점이 청나라에 밀고하여, 우암을 포함한 산당 일파는 모두 조정에서 물러나 사직하고 또 다시 고향으로 내려갔다.

당시는 청나라가 우리나라를 무력으로 굴복시킨 때라 청나라 연호를 사용하던 시대였다. 그러나 효종은 우암에게 내리는 교지(사령장)에 청의 연호를 쓰지 않았고, 우암도 그와 같이 했다. 이는 청을 섬기지 않겠다는 뜻이며 오랑캐를 정벌하여 병자호란의 치욕을 씻고자 한 군신간의 맹약이며 주체의식의 발로였다. 이로 인하여 청이 압력을 가하자 우암은 자진하여 벼슬에서 물러났다.

우암은 44세 되던 해 4월에 김장생 선생의 행장을 짓고, 11월에 송준길과 율곡 선생의 연보를 교정했다. 우암은 45세에는 진선에, 46세에는 집의로 제수되었으나 나아가지 않았다. 그 해에 청음 김상헌이 돌아가시자 곡하고 석 달 복을 입었으며, 제문과 만사, 묘표와 지문을 지었고, 연보를 수정했다. 우암은 47세 되던 해(1653:효종4)에 충주목사에 제수되었으나 나아가지 않았다. 그 해 윤7월에 황산서원(현 죽림서원)에서 유계·윤선거와 모였다. 또한 연기에서 배를 타고 강물을 따라 내려가 유계를 방문하고 이어 여러 벗을 초청하여 황산에 모여 화산에서 선유하면서 놀기도 했다. 이때 주자학을 벗어난 윤휴의 경학을 논박했다. 12월에는 소제로 이사했다.

우암은 48세 되던 해(1654)에 집의, 부호군, 통정대부 승정원 동부승지로 승진하였으나 그때마다 모두 사양하고 후진 양성에 전심했다. 이 때 고란사에서 유계·윤선거와 모여 호암에서 선유하고 『심경』을 강론했다. 송준길과 『근사록석의』를 정정하기도 하고, 금산의 이유태를 방문하기도 했다.

우암이 49세 되던 해(1655)에는 이유태와 『의례문해』를 교정했다. 그해 이조참의로 제배되었으나 역시 나아가지 않다. 3월에 어머니 곽 부인의 상사를 당했다. 그 다음해(1656) 윤 5월에는 신독재 선생이 돌아가시자 석 달 복을 입었고 뒤에 신도비문을 지었다.

문제

1. 효종 임금과 우암 선생의 관계를 정리하세요.

2. 우암 선생은 병자호란의 치욕을 당하였을 때 10여 년간 여러 곳에 은거하며 여러 일을 하였고, 또한 후진을 양성하였습니다. 그 가운데 한 가지를 선택하여 설명하세요.

4. 세도를 책임지다

「정유봉사」를 올리다

우암은 51세 되던 해(1657) 5월에 모친상을 마치자, 곧 세자시강원 찬선, 이조참의를 거쳐 가선대부 예조 참판, 사헌부 집의로 승진되었으나 상소하여 사양하고 나아가지 않았다. 대신 효종에게 「정유봉사」를 올려 시무책을 건의했다.

또한 옥천에 잇는 중봉 조헌 선생을 모시는 사당에 신독재 김집 선생을 추향하고 '창주사'라는 사액을 받아, 자신이 손수 3자를 써서 걸고 학규를 정하였으며, 묘정의 비문을 지었다.

북벌을 도모하다

우암은 52세(1658) 7월에 다시 찬선에 임명되어 관직에 나아갔고, 9월에는 자헌대부 이조판서로 승진했다. 효종이 다음날에 초피(담비가죽) 모자를 하사했으며, 우암은 다음해 5월까지 왕의 절대적 신임 속에 효종과 함께 북벌계획을 추진했다. 이때 송준길이 병조판서로 재직하면서 뜻을 함께 펼쳐 나갔다.

우암은 조정에 나아가 효종에게 『심경』을 진강하였으며, 명분과 의리를 바로 잡는 일과 대동법, 공안 개정, 호패법 시행, 내수사 혁파, 백성 구휼, 흉년의 세금 감면 등 위를 덜어 아래 백성을 유익하게 하는 시급한 시책을 대거 건의했다. 12월에 효종이 다시 초피 갖옷 한 벌을 하사했다. 우암은 다음과 같이 차자를 올려 사양했다.

신이 섶을 깔고 있는 것도 아니고 얼음을 안고 있는 것도 아닙니다마는, 제갈량의 출사표를 외노라면 마음이 늘 타고, 송나라 충신 문천상의 상소문을 읽노라면 오장이 저절로 뜨거워지니, 비록 혹시 갈기갈기 찢어진 옷을 입고, 눈이 여러 길 쌓였다 하더라도 진실로 추운 줄 모를 것입니다. 정말 마땅히 군신 상하가 흰옷 입고 지내며, 소털 버선이라도 감히 함부로 소모하지 아니하여, 사치하는 풍습 고치기를 벼락이 물건을 결단내듯이 하고 민간의 고통을 시급히 여기기를 목마른 사람이 우물에 가듯이 하여 다소라도 오늘날의 세도를 만회한다면, 신이 비록 눈 속에 얼어 죽고 한 주발의 수제비를 먹지 못하게 된다 하더라도 영광스러움이 한량없이 천만년토록 여한이 없겠습니다.

그러자, 효종은 자기가 내린 갖옷은 사치하라는 뜻이 아니라 따듯하게 하라는 뜻이며, 비밀히 말하기를, "경이 나의 뜻을 알지 못하겠는가? 요동과 계주 지방이 풍상 속에 장차 함께 몰고 나가려는 것이다."하므로, 우암이 감히 끝내 사양하지 못하고 물러나와 군신 간에 주고받던 말을 갖옷 안에 기록했다. 그 이듬해 효종이 돌아가시자, 우암은 차마 그 갖옷을 다시 입지 못하고 상자 속에 간수했다가, 뒷날 귀양갈 때 지니고 갔다.

귀양지에서 효종의 기일이 오자, 꺼내어 통절하게 사모하는 소회를 전일 기록한 것의 왼쪽에다 썼다. 갖옷의 안감으로 넣은 명주를 떼어내어 새로 옷 하나를 만들어 죽은 뒤 쓰도록 했다.

효종과의 독대

우암이 53세(1659) 3월 11일 희정당에 입시하자 효종은 독대를 명했다. 우암은 군역과 공안 개정을 건의하였고, 이어 효종이 다른 신하와 승지는 물론 사관도 모두 나가고 우암만 홀로 남게 했다. 내시도 문들을 활짝 열어 놓고 물러가게 한 다음, 내수외양에 관한 계책 및 국가의 큰일들을 비밀히 의논했다. 그때 논의한 내용은 우암이 비밀히 기록하여 간수했는데 그 글이 「악대설화」

이다. 뒷날 사관의 요청으로 『효종실록』에 수록했다.

효종의 사망과 1차 예송

우암은 4월 17일까지도 주강에 입시하여 『심경』의 양심장을 진강했다. 그러나 5월 4일에 효종이 갑자기 승하했다. 효종이 급서한 뒤 북벌계획은 중지되고, 뜻하지 않게 복제 논쟁이 일어났다. 당시에 살아 있었던 인조의 비(자의대비 조대비)가 효종을 위해 복 입는 기간을 어떻게 정해야 하는가에 대한 문제였다. 우암은 효종의 형인 소현세자가 장자이고, 효종은 차자(둘째 아들)이므로 그 부모는 기년설(1년)을 입어야 한다고 주장하여 3년설을 주장하는 허적과 허목 등과 논쟁했다. 그 논의 중에 윤선도가 우암을 처벌할 것을 주장하는 과격한 상소를 올려 귀양을 가는 등 정쟁으로 치달았다. 결국 이 논쟁은 1년상으로 정해져서 우암은 학문적으로나 정치적으로 높은 위상을 갖게 되었다.

우암은 54세(1660, 현종1)에 좌참찬 등을 거쳐 우찬성에 올랐으나, 효종의 장지를 태조의 릉에 모시기를 주장했다가 릉에 문제가 생기어 규탄을 받자 그 해 12월에 벼슬을 그만두고 낙향했다. 이후에도 의정부 우찬성, 병조판서 등에 제수되었으나 사직하고 취임하지 않았다.

화양동에 은거하다

우암은 이후 5년간 회덕(소제), 공주, 청주 등으로 거처를 옮기다가, 60세 되는 해 8월에 화양동에 암서제를 짓고 항상 난삼과 평정건을 착용하면서 거처했다.

우암은 62세(1668)에 의정부 우의정에 재배되었으나 이후 좌의정 허적과의 불화로 열 번 사직소를 올렸는데, 현종이 7번 사관을 보내고 3번 승지를 보내어 불렀다. 이후 수차례 입시하여 위민정책을 건의하고 심경을 강론했다. 이후에도 판중추부사, 우의정에 재배되어 조정에 나아가 전정과 군정과 보오법과 공안개정을 건의하고, 동성혼인 금지, 승려 금지 등을 건의했다. 그러나 건의한 일들이 행해지지 않자 낙향하여 소제동, 화양동 등에서 거처하면서 조정에 나아가지 않았다.

우암은 65세(1671)되는 해에 다시 우의정이 되었으나 상소하여 사직하고 월봉도 사양했다. 다시 백성 구휼과 재변 구제책을 진술하고 상소하여 사직했다. 66세(1672)에는 영동을 유람하고 속리산에 들어갔다가, 좌의정에 제배되자 상소하고 화양동으로 돌아갔다. 그해 11월 동춘당 송준길 선생이 사망했다. 우암은 송준길의 묘지墓誌에 다음과 같이 쓰고 친형제를 잃은 듯 지극히 애통해 했다.

> 나와 공은 8~9세 대부터 옷을 나누어 입고, 한 책상에서 공부하여 머리가 흴 때까지 학문을 강마했다. 공과 나는 성도 같으니 이는 다만 부모만 다를 뿐이다.

우암이 67세 되는 해에 영릉(효종의 능)의 석물이 갈라지는 변고가 생기자 묘를 영릉(세종의 능) 옆으로 옮겼다. 우암은 이 일로 석고대죄했다. 그 후 천릉이 지문제술관이 되어 서울로 가던 중 다시 좌의정에 제수되었으나, 상소하여 체직되자 화양으로 돌아갔다. 이 때 청나라가 조선 왕에게 준 시호나 청나라의 연호를 다시는 쓰지 않도록 건의했다. 또 윤선거의 묘문을 지었는데, 이 일로 윤증과 불화가 생기기 시작했다. 이 때 영중추부사에 제배되었으나 상소하여 대죄했다.

이처럼 우암은 현종 15년간 조정에서 높은 예우와 부단한 초빙이 있었으나 거의 관직에 나가지 않았으며, 62세(1668년, 현종9) 우의정, 67세(1673) 좌의정에 임명되었을 때, 잠시 조정에 나아갔을 뿐 대부분 재야에 머물러 있었다.

그러나 우암은 재야에 은거하여 있는 동안에도 선왕과 사림의 중망 대문에 막대한 정치적 영향력을 행사했다. 사림의 여론은 그에 의해 좌우되었고 조정의 대신들은 매사를 그에게 물어 결정하는 형편이었다.

2차 예송의 패배와 유배 생활

우암이 68세(1674)되는 해에 왕대비(효종비 인선왕후)가 죽자 다시 자의대비의 복상 문제가 제기되어 제 2차 예송이 일어났다. 우암은 대공설(9개월)을 주장하였으나, 왕명으로 남인 쪽이 내세운 기년설이 채택되었다. 바로 그 다음 달에 현종이 죽고 숙종이 즉위했다. 우암의 예론을 추정한 서인들이 패배하자, 제 1차 복상 문제 대 기년설을 채택하게 한 죄로 우암도 '예를 어그러트리고 통서를 어지럽혔다[乖禮亂統]' 하여 파직되고, 삭탈관직하여 문외출송 당했다.

우암은 69세(1675년, 숙종1)되는 해 정월에 함경도 덕원(문천)으로 유배되었다가 5개월 뒤에 장기(포항) 그리고 3년 뒤에 거제 등지로 이배되면서 5년간의 유배생활을 했다. 유배기간 중에도 정적들이 처벌을 더 엄중하게 해야 한다고 주장하여 생명에 위협을 받기도 했다.

유배에서 풀려나다.

우암은 유배된 지 5년 5개월 만인 74세(1680년, 숙종6)되는 해에 경신환국(경신대출척)이 일어나 남인이 실각하고 서인들이 다시 집권하자, 청풍으로 이배되었다가 6월에 유배가 풀렸다. 이후 화양에서 권상하 등과 정자와 주자 관련 저술을 바로 잡았다. 그 후 영중추부사에 다시 제배되어 입사하여 숙종을 처음으로 만나서 덕을 수양하기를 권하고 「태극도」와 「서명」을 강론했다. 그 해 10월 영중추부사 겸 영경연사로 임명되었고 봉조하의 영예를 받았다.

우암은 그 다음 해에 입대하여 존주양이를 논하고, 포목의 징수 단위를 정하여 서리의 농간과 폐단을 없애기를 건의하였으며, 공물과 병제를 논하고

「심경」을 강의했다. 그러나 또다시 낙향하여 소제에 머물다가 화양에 들어갔다. 그 뒤에도 왕명으로 「심경석의」 교정본과 「오현종사시절목의」를 올렸으며, 김장생의 종사를 건의하고, 효종의 유지(북벌)를 받들기를 숙종에게 권유했다.

계속되는 환국과 노소분열

우암이 76세(1682)되는 해에 김석주·김익훈 등 훈척들이 남인들을 일망타진하고자 역모를 조작하여 임신 삼고변 사건이 일어났다. 그는 남인에 대한 과격한 처벌을 주장한 김석주와 주동자인 김장생의 손자 김익훈을 두둔했다. 이로서 서인의 젊은 층으로부터 많은 비난을 받았다. 또 제자 윤증과의 불화로 말미암아 1683년 마침내 서인은 윤증 등 소장파를 중심으로 한 소론과 우암을 영수로 한 노장파인 노론으로 분열되었다. 노소분당이 일어나자 우암은 벼슬에서 물러났다. 그 뒤 정계에서 은퇴하고 화양동에 은거했다.

우암과 윤증의 갈등은 조용해지지 않고 오히려 우암이 78세(1684, 숙종 10)되는 해부터 거국적인 논란으로 비화되었으며, 86세까지 계속되었다. 그 사이에 우암은 80세(1686, 숙종 12)되는 해에 화양동에서 권상하·김창협 등과 「주자대전차의」를 교감하기도 했다.

제주도 유배와 죽음

우암은 정국이 어려운 가운데에서도 자신의 안일을 도모하지 않았다. 그것은 정종의 원자책봉에 관한 상소를 올린 일에도 단적으로 드러난다.

경종이 탄생하자(1688, 숙종 14) 숙종은 중신들의 엄청난 반대를 물리치고 숙의 장씨(장희빈)가 낳은 아들(경종)에게 원자의 위호를 정하게 했다. 이에 우암은 즉시(1689, 숙종 15) 원자책봉은 아직 서두를 일이 아니라고 상소했다. 이 때 권상하가 만류하였으나, 우암은 "유자가 되려고 하는 일은 지극히 어렵다. 그 뜻은 유자의 책임을 다하고자 해야 한다. 만일 사생 회복을 헤아린다면 할 수 없는 일이다. 이 때문에 지극히 어려운 것이다."라고 했다. 그러나 숙종은 이에 진노하여, 송모는 산림의 영수로서 감히 다른 논의를 일으켰으니, 앞으로 임금을 무시하는 무리들이 계속해서 일어날 것이라고 하고, 관직을 삭탈하고 제주도 유배에 처했다.

우암은 상소를 올린 다음 달인 2월에 제주도 귀양을 떠났으며, 연산을 지나가다 스승 김장생의 묘에 글로써 고했다. 귀양을 가면서도 「주자대전차의」 서문을 쓰고, 권상하와 이별하며 뒷일을 부탁했다. 강진에 이르러서는 바다에 파도가 높아서 백련사에서 10여일 묵으면서 문인 박광일, 박중희 등과 경전을 강론했다.

우암은 제주도에 도착하여 위리안치되자 손자 주석과 「주자대전」「주자어류」「역하계몽」「강목」 등의 책을 읽었다.

다음 달은 「논맹혹문정의통고」를 편수하여 서문을 쓰고 권상하에게 보내 교감 수정하라고 했다. 그 다음 달에 권상하에게 글을 보내어 영결을 고하고, 화양동에 사당을 세워 명의 신종과 의종의 제사를 부탁했다. 돌아가신 부모님께도 고하는 글을 짓고, 박세채에게 세도를 당부하는 편지로 영결했다.

우암은 다음 달인 그 해 6월에 국문을 받기 위해 해남을 거쳐 서울로 압송되어 오던 도중 정읍에서 사약을 받았다.

훗날, 이항로는 율곡은 인을 좋아하였으며, 우암은 불인을 미워했다고 양 선생의 행적을 정리했다. 우암의 사고방식과 행동은 주자와 반주자, 군자와 소인, 의와 불의를 가르는 명백한 가치관이 철저하게 시종일관하고 있었으며 그 근본적인 기준은 춘추대의에 있었다.

시호와 문묘배향

우암이 돌아가신 후 5년 뒤 갑술환국(1694)이 일어나고 다시 서인이 정권을 잡자 그의 억울한 죽음이 인정되어 관작이 회복되고 제사가 내려졌다. 이 해에 수원·정읍·충주 등지에 우암을 제향하는 서원이 잇달아 세워졌다. 다음 해에 우암의 행적은 모든 사람에게 명백하게 드러나 있어, 극히 존숭하여, 시장 없이 '문정文正'이라는 시호가 내려졌다. '文' 이란 도덕이 널리 알려짐이라는 뜻이며, '정正'이란 옳은 의리를 행함이라는 뜻이다. 이때부터 덕원과 화양동을 비롯한 수많은 지역에 서원이 설립되어 전국적으로 약 70여개소에 이르게 되었고 그 중 사액서원만 37개소였다.

우암이 돌아가신 뒤에도 당파 간에 칭송과 비방이 비등했으나, 1716년의 병신丙申 처분과 1744년(영조20)의 문묘배향으로 그의 학문적 권위와 정치적 정당성이 공인되었다. 영조와 정조대에 노론 정권이 자리 잡으면서 그의 역사적 지위는 견고하게 확립되고 존중되었다.

문장과 서체

우암은 글씨와 문장에 매우 뛰어났다. 우암은 그가 활동하던 17세기 후반기의 강건한 글씨풍을 주도했던 대표자이다. 그의 강한 필획과 흘림 기운이 크고 시원한 느낌을 주는 큰 글씨를 잘 썼다. 서체는 처음 안진경체를 익히다가 뒤에 주자를 모방하여 매우 개성적이고 힘이 넘치는 글씨를 썼다. 그 글씨가 많이 남아있고, 전국 각지의 비문이나 바위에 각자한 것이 많아서 현재도 많이 볼 수 있다.

문장은 한유·구양수의 문체에 정자·주자의 의리를 담아 웅장하면서도 문의가 뚜렷하고 짜임새가 뛰어났으며 강건했다. 시·부·책·서·발·소차·묘문 등 모든 문체에 능하고, 특히 비·갈·지문 등 묘문에 뛰어나 지은 글이 수백 편이 넘었고, 그 중에서도 영릉지문(효종릉의 지문)은 명문으로 손꼽

힌다.

우암이라는 호

우암은 성품이 대단히 강직했다. '우암'이라는 호도 여기에서 유래되었다. 우암은 일찍이 자호自號를 가진 적이 없었다. 창주 김익희가 우암과 논쟁하다가 우암이 의견을 조금도 굽히지 않자 다음과 같이 말했다.

그대가 이처럼 말이 많으니 '말에 허물이 적다[言寡尤]'고 할 수 없다. 그러니 나는 그대의 서재 이름을 우尤라고 해야겠다.

'우尤'란 허물이라는 뜻이니 우암이라는 뜻은 허물이 많은 사람이라는 뜻이다. 우암이 웃으면서, "그대가 좋은 말로써 나의 서재 이름을 붙여 준다면 내가 감당할 수 없지만 지금 좋지 않은 말로써 이름을 지어주니, 별호는 비록 신독재께서 경계하신 바이나 내 어찌 사양하겠는가."라고 답했다.

그 뒤로 창주는 선생에게 편지할 때마다 우암이라고 썼다. 그러나 우암은 당에 편액을 건 일이 없고, 오직 판교의 첨배재와 이곳 서재에만 호를 걸었으며, 때로 소문자에는 남간노부南澗老父라고 칭했다.

문제

1. 우암 선생은 여러 번 유배되었습니다. 이 단락의 글에서 하나의 예를 들어 설명하고 그 타당성을 논의하세요.

2. 우암尤庵 선생의 호 '허물'이라는 의미의 '尤'에 대한 설명, 이에 대한 소견을 발표하세요.

2장 학문과 사상

1. 학문의 연원

공자와 주자

한국의 선비들은 공자와 주자를 대단히 존숭했다. 그렇다면 공자와 주자는 누구인가? 공자와 주자가 어떤 일을 했고 그 학문은 어떤 것이었는지를 잘 알아야 우암 선생을 제대로 알 수 있다.

공자(B.C 552SUS~479)는 유학의 바탕을 세우고 체계를 만든 사람이다. 공자의 성은 공孔, 이름은 구丘이며, 춘추시대 노나라 사람이다. 공자는 고대 중국의 문화와 성왕聖王의 도를 집대성하여, 어질고 바른 인격과 사회를 이룰 수 있는 학문사상을 후세에 드리워 성인으로 추앙받았다. 공자사상의 근본은 인간이 서로 인간으로 대접하고 대접받는 세상을 어떻게 실현할 수 있는가 하는 문제이다.

그 요지는 예악과 인의를 숭상하고, 충서忠恕와 중용中庸의 가르침을 제창하는 데에 있다. 공자의 교학체계는 일상생활에서 효제충신孝悌忠信을 실천하고, 인仁으로써 모든 도덕을 일관하여 수신·제가·치국·평천하를 이루는 자질을 함양하도록 가르쳤다.

그 가르침은 '수기치인修己治人'이라고 요약할 수 있다. 수기는 자기 자신을 다스리는 일이요, 치인은 다른 사람을 다스리는 일이다. 그러므로 '수기치인'이란, '자기를 닦고 남을 다스린다', 즉 자기 스스로 인격 수양을 해서 군자(이상적인 인간)가 되고, 남에게 덕을 베푼다는 의미이다.

자기 수양을 하려면 어떻게 하면 되는가. 공자는 무엇보다도 인仁을 중시했다. 인은 '어질다'는 뜻으로, 공자의 근본 사상인 동시에 또한 이상이다. 인은 인간성의 본래 바탕이며, 동시에 인간성을 실현하여 인간애를 실현할 수 있는 바탕이다.

공자는 인간의 사회적 지위와 기능은 신분이나 경제력이 아니라 오직 인간의 어질고 바른 품성으로부터 도출되어야 한다는 이상을 지녔으며, 훌륭한 인격을 지닌 자가 정치를 담당하여 덕과 인으로 다스리는 덕치德治와 인치仁治를 주장했다.

공자의 가르침은 한 당대를 지나 송대의 유학자들이 계승했다. 그들은 천인天人의 도를 밝히고 어질고 바른 인간 성명性命의 근원을 소급하여 유학의 인의를 다시 천명하는 신유학으로 재구성했다. 신유가 학설의 대가는 주돈이 · 소옹 · 장재와 정호 · 정이 형제 등이다. 이들을 북송의 5자五子라고 부른다. 이들은 성리학을 제창했다. 그들은 고전을 단순히 기억하거나 암송하여 글이나 짓는 것은 아무런 의미가 없다고 여겼다. 공자, 맹자가 전한 인의의 도를 재생해야 한다고 주장했다.

이러한 사상적인 풍조를 집대성하고 이론체계를 정립하여 이를 완성한 사람은 남송의 주희(1130~1200)이다. 주희를 흔히 존칭하여 주자라고 한다. 주자는 수많은 책을 저술하여 유교고전에 주석을 달았고, 신유학을 체계화하여 집대성했다. 이후 원명 시기를 통하여 700년동안 유학의 주류를 이루었다.

송은 북방족(여진족의 금, 몽고족의 원)의 침입에 계속 시달리며 수도를 남쪽으로 옮겼다. 남송의 주자는 이기심성론을 체계화하였고, 이를 바탕으로 중화사상을 창출하여, 쇠락하던 국가를 쇄신하고 민족 주체성을 확립하여 북방족의 침략에 대항하는 이념을 확립했다.

우암은 공자의 인의사상과 예의사상, 그리고 주자의 성리사상과 춘추사상을 이어 받아 학문과 사업에 평생을 헌신하였으며, 이로 인해 후세에 '공자 후 일인자'는 주자이고 '주자 후 일인자'는 송자라는 칭송을 받았다.

도통을 계승하다

우암의 철학과 사상은 철저하게 한국 도학사상의 전통과 도통 위에 건립되어 있다. 도통이란 성현이 서로 주고받아 계승해 간 통서, 곧 성통을 의미하며, 성현이란 인극을 세워 인간 도리의 표준을 세우고 인류을 행하게 한 자라는 의미이다. 우암의 학문·사상·사업은 주자와 이이의 학문에 근거하여 도통을 확립하고 계승하여, 춘추의 존왕양이의 의리를 천명하는 것이었다. 그는 주자의 학문과 사상을 정리하고 실천하여 평생의 사업으로 삼아 주자학 계승을 자부했다.

우암은 성리학 도입을 민족사의 획기적인 발전 계기로 이해하고, 정몽주와 김굉필 등 절의와 도학에 사표가 되는 선현들을 추숭해 마지않았다. 특히, 우암이 가장 존숭한 이는 조광조, 이황, 이이, 김장생이며, 평생 이들의 도맥을 이어 도통을 계승하는 학문과 사업에 매진했다.

우암은 왕도를 높이고 이적을 물리치며, 안으로는 성인의 도를 닦고 밖으로는 왕도를 행한다는 공자의 '존왕양이' 사상과 '내성외왕' 사상을 바탕으로 했다. 그 위에 천리를 밝히고 인심을 바르게 하며, 이단을 막고 이적을 물리친다는 주자의 '명천리 정인심' '벽이단' '양이적' 정신을 계승했다. 또한 왕도를 높이고 패술을 낮추며, 정학을 숭상하고 이교를 물리친다는 조광조의 '존왕도'·'천패술'·'상정학'·'척이교' 정신을 실천지표로 하여, 출사와 행도의 근본으로 삼았다.

따라서 우암은 공자와 주자가 구축한 학문 체계와 사상을 계승하고 조광조의 지치주의, 이이의 변통론, 김장생의 예학 등 기호학파의 학문전통을 이어 받아 추상론보다는 실천 수양과 사회 적용에 노력했다. 우암은 이러한 정통 성리학의 입장에서 조선 중기의 지배적인 철학·정치·사회사상을 정립했고, 이것은 조선 후기의 정치·사회를 규제한 가장 영향력 있는 학문체계가 되었다.

스승 김장생과 김집

우암의 스승은 사계 김장생 선생(1548~1631)과 신독재 김집 선생(1574~ 1656)인데, 이 두 분은 부자간이다.

김장생 선생은 율곡 이이 선생의 제자이다. 율곡 선생은 진정한 선비眞儒의 필수조건으로 나라를 다스리는 '경세의 능력[才]'과 벼슬에 나아가고 물러나는 '출처의 마땅함[宜]'을 아는 지조 있는 인물이 되어야 한다고 강조하여 착하고 어진 인간성을 지니는 한편, 세상을 걱정하고 정치 경세에 실력을 갖춘 인재가 되기를 가르쳤다.

그러한 인재가 되려면, 자기의 사리사욕을 다스릴 줄 알고, 세상에 대한 지속적인 관심과 책임 의식을 갖도록 해야 한다. 김장생 선생은 제자들에게 먼저 반드시 몸과 마음을 바르게 다스려 한결 같이 예를 따른 뒤에야 자신의 사욕을 제거하여 절제하고 예에 따라 생활할 수 있다고 가르쳤다. 예를 행하는 과정에서 개개인이 양심과 정의를 따르는 도심을 회복하여 실천하게 되고 결국에는 건강한 가정과 사회와 나라를 만들 수 있다고 생각했다. 이것이 바로 율곡학파의 학풍이다. 이러한 실천 규범으로서의 예를 더욱 강조한 학자가 바로 김장생 선생과 김집 선생이다.

신독재 김집선생(1574~1656)은 아버지 김장생 선생과 더불어 예학을 깊이 연구하고 발전시켜, 부자가 함께 문묘의 동방 18현 가운데 한 분으로 존숭받아 제향되고 있는 대표적인 예학자이다. 문묘란 신라시대부터 조선시대에 이르기까지 우리나라를 대표하는 가장 훌륭한 유학자를 영구히 기리기 위해 국가에서 제사지내는 제도이다. 문묘에 제향된 유학자는 모두 18명인데, 김장생과 김집 선생 부자가 나란히 제향되었으니 대단히 영광스러운 일이다.

김집 선생은 기호유학의 발전에 중추적인 역할을 했다. 김집 선생은 율곡 이이, 구봉 송익필, 사계 김장생 등의 학문을 이어 송시열·송준길·이유태·윤선거·유계·선우협·윤증 등에게 학문을 전수했다.

율곡학파의 적전을 잇다

우암은 특히 조광조 → 이이 → 김장생으로 이어진 율곡학파의 학통을 계승하여 기호 유학의 주류를 이루었다. 우암은 이이·김장생·김집으로 이어지는 율곡 학파의 학문을 계승하여, 율곡의 성리론을 따르고 그 경세 사상을 실현하고자 하였으나, 사계와 신독재의 예학사상을 이어 예치로서 지치를 이루고자 했다.

우암은 주자학의 대가로서 이이의 학통을 계승하여 기호학파의 조류를 이루었다. 우암은 이황의 이기호발설을 배격하고 이이의 기발이승일도설을 주장하였으며, 예론에도 밝았다. 이황이 이이 이후 퇴계학파, 율곡학파를 특징짓는 용어는 이른바 주리, 주기였는데, 그 과정은 이이가 이황의 호발설을 비판하자 영남의 이현일(갈암), 정시한(우담) 등이 이황의 이발설을 변명하고 율곡학설을 역비판하면서 주기파 내지 기학으로 공격하면서부터이다. 이에 송시열, 한원진 등이 자기학파의 이론을 옹호 변명하는 과정에서, 율곡학파와 퇴계학파의 구분이 더욱 분명해졌다.

문제

1. 공자의 가르침, 그리고 주자의 인론 체계 정립에 대하여 간략하게 정리하세요.

2. 조선의 조광조 - 율곡 이이 - 김장생 으로 이어진 학문의 계승을 간략하게 정리하세요.

2. 인간의 어진 본성과 의리

1) 바르게 사는 길

마음을 잘 살피고 다스려라

　성리학은 인간의 마음을 연구하여 선과 바름의 근원, 의리 실천으로 나아가는 선의지와 실천력을 합리적으로 설명해 내고자 하는 학문이다. 인간의 자유의지와 본능을 구별하고, 자유의지와 선의지를 드러내는 학문이다. 이 선한 의지가 덕행과 선행의 기초가 되고, 이를 바탕으로 사회의 의리와 질서를 이루고자 했다.

　우암은 도덕과 의리, 선악의 문제를 명확히 하고자 선유들의 성리와 의리 이론을 세밀하게 분석하고 종합적으로 이해했다. 퇴계·율곡 이후 발달한 한국 성리학의 전통은 윤리실천의 주체 확립 문제를 가장 중요한 문제로 삼았다는 점이 큰 특징이다.

　한국 성리학의 가장 중요한 문제는 사단 칠정 논쟁(사칠논쟁)이다. 사단四端이란 불쌍한 것을 측은해 하는 마음, 자기의 잘못을 부끄러워하고 다른 사람의 잘못을 미워하는 마음, 사양하는 마음, 옳고 그름을 가리는 마음 등 4가지로서, 인간의 도덕심을 의미한다. 칠정七情이란 희喜·로怒·애哀·락樂·애愛·오惡·욕欲 등 인간의 일상적인 마음이다. 인간은 사단의 마음도 있고 칠정의 마음도 있다. 문제는 다른 사람과 사물을 대할 때 항상 착한 마음과 바른 방법으로 대하도록 마음을 잘 살피고 다스려야 한다는 점이다. 어떻게 해야 마음을 잘 다스려 착한 마음으로 행동할 수 있을까 하는 것이 근본적인 문제였다.

도심과 인심을 구별하라

외부의 사물을 인식하고 대응하는 바탕은 마음이다. 마음은 끊임없이 외부 세계를 인식하고 대응하는 작용을 하는데, 그 작용은 배고픔과 추위 등 신체에 관한 것과 일의 당연함을 알고 이치를 깨닫는 등 진리와 지혜에 관한 것으로 나누어 볼 수 있다. 그런데 이 두 가지 작용은 각각 따로 작용하는 것이 아니라 항상 결부되어 있어야 한다. 우암은 인간의 도덕적 이성과 욕구를 비롯한 감정을 이분화하지 않고, 마음이 외물에 접할 때 동시에 발현하는 것으로 보았다.

그렇다면 인간의 선과 의리를 행할 수 있는 근거가 무엇인가? 인간은 본래 도덕적인 이성을 가지고 있다면 어째서 어떤 사람은 선하고, 어떤 사람은 악한 행동을 할까?

성리학은 인간의 마음이 인심人心과 도심道心이라는 양면성을 가지고 있다고 분석했다. 인심이란 희로애락과 같은 감정과 생명을 유지해 나가기 위한 욕구를 의미한다. 도심이란 어진 마음과 의리심 등 도덕심을 의미한다.

인간은 육체로부터 말미암는 감성과 욕구도 가지고 있고, 인간의 어진 본성으로부터 말미암는 도덕의식도 있다. 그 가운데 인간의 본성이란 도덕의식을 발휘하는 어진 본성이다. 감성과 욕구는 동물들도 가지고 있기 때문에 그것만으로는 인간과 동물을 구별하지 못한다. 인간은 도덕성을 가지고 있기 때문에 동물과 다른 존재이다.

그런데 생존을 위한 기본 욕구는 불가피하다. 따라서 성인이든 일반인이든 모두 인심을 본래적으로 갖고 있다. 그러므로 인심은 본래적으로는 악을 의미하지 않는다. 그러나 감성과 욕구는 도덕심으로 통제하지 않으면 악으로 흐르게 될 가능성이 많다. 인간의 희로애락과 사랑과 미움의 감정과 식색의 욕구는 살아가는데 필요하다. 웃고 마시고 자는 일은 소중하다. 그러나 이기심이 작용하면 나쁘게 작용할 가능성이 많다. 기뻐해야 할 일을 기뻐하고 슬퍼해야 할 일을 슬퍼하는 것이 아니라, 착한 마음으로 기뻐해야 할 때 도리어 이기심에 의해 슬퍼하게 되고 슬퍼해야 할 때 혼자 웃음 지을 수 있다.

도심으로 인심을 다스려라

당연히 인간다운 사람은 자기의 마음을 잘 다스리는 사람이며, 자기 마음을 잘 다스리기 위해서는 도심을 잘 이해하고 훈련시켜서 자제심을 기르고 인심을 잘 통제해야 한다. 자기가 배가 고플 때, 배부르게 먹고 싶은 것은 모든 사람이 마찬가지이다. 그러나 자기가 아무리 배가 고파도 부모 동생이나 가난한 사람이 먹지 못하고 있으면 자기의 먹을 것을 나누어주는 것이 도심이다. 그러나 어려운 처지의 남의 사정을 알면서도 제 배를 채우기 급급한 사람은 도심이 없고 인심만 남은 사람으로서 사람구실을 할 수 없다. 이러한 사람은 사람으로서의 진정한 기쁨을 누리지 못하는 사람이고, 이러한 사람만이 있는 가정과 사회는 아무도 살고 싶어 하지 않을 것이다.

우암은 이치는 정의情意도 없고 작용도 없지만, 사람의 마음이 이치를 실현하는 주체이기 때문에 사람마다 달라진다고 보았다. 공자는 '사람이 도를 넓히는 존재이고, 도가 사람을 넓히지는 못한다人能弘道 非道弘人'고 했다. 그러므로 사람은 자기 안에 내재한 본성을 다 발휘하도록 마음을 잘 이해하고 사물의 당연한 이치를 잘 알아서 순수한 마음으로 사물을 바르게 대하는 노력을 해야 한다.

천리를 보존하고 인욕을 없애라

우암은 사람이 바르게 살려면 인심人心 도심道心을 명확히 구분하고, 인욕을 제거하고 천리를 보존하는 노력을 해야 한다고 가르쳤다.

천리天理란 인간생활의 도덕 기준을 의미하고, 인욕人欲이란 인간의 정도를 벗어난 이기심을 의미한다. 예를 들며, 배가 고파서 밥을 맛있게 먹는 것은 천리이다. 그러나 남의 밥을 빼앗아 먹는 것은 인욕이다. 그러므로 인간의 욕구가 나쁜 것이 아니라, 적절한 정도를 벗어난 이기심을 없애야 한다.

우암은 인심을 악으로 규정하지 않았다. 인심이 도덕성을 상실할 때 인욕이 된다. 악은 도덕성을 상실한 인욕人欲이며, 따라서 인심이 인욕으로 흐르지 않기 위해서는 감성과 욕구가 개개인의 도덕 의지에 통제 받아야 한다고 했다. 즉, 인심이 도심의 명을 들어야 한다고 보았다. 우암은 그러기 위해서 인간 개개인의 성실성을 촉구했다.

선의지와 성실성

우암은 사단칠정이 모두 본성에서 발한 인심이며, 아무리 선한 사단도 마음씀이 지나치거나 모자라면 선하지 못하게 될 수 있다고 보았다. 이러한 우암설의 특징은 첫째, 배고프면 먹어야 하고 목마르면 마셔야 하는 인심은 성인도 없을 수 없는 것이며, 둘째, 정(사단, 칠정)에서 선악이 나뉘어지는 것이 아니라 그 기미를 헤아리고 선이나 악으로 방향을 정하는 의지에서부터 선악이 나뉘는 것이며, 정이 발한 후 상황에 따른 적절함에 선악의 관건이 있다는 점이다. 우암의 심성학은 과불급이 없는 감정과 욕구의 중절을 일관되게 중요한 다루었다. 우암은 천리·인욕에 대하여 다음과 같이 말했다.

> 음식에 대한 욕구는 천리이나 음식이 대한 욕구로 인해 식욕에 빠지는 것은 인욕이며, 남녀간의 욕구는 천리이나 남녀의 욕구로 인하여 색욕에 빠지는 것은 인욕이며, 또한 가옥에 대한 욕구는 천리이나 높고 큰 집을 짓고 담장을 치장하는 것은 인욕이다. 인간관계에서도, 높고 낮은 위치는 천리이나 인군을 높이고 신하를 억누르는 것은 인욕이며, 자애는 천리이나 가난한 자를 양성하는 것은 인욕이고 장엄은 천리이나 어진 이에 오만

한 것은 인욕이다. 국가 운영의 차원에서는 부강은 천리이니 공을 숭상하고 이익을 탐하는 것은 인욕이며, 작은 것이 큰 것을 받드는 것은 천리이나 치욕을 참으면서 원수를 섬기는 것은 인욕이다.

이렇게 볼 때, 선(천리) 악(인욕)의 차이는 알맞음과 적절함(중절)과 과불급의 차이일 뿐이며, 악은 선에 항구적으로 대립하는 개념은 아니다. 우암은 그 분기가 대단히 미묘한 차이에 불과하므로, 그 자신이 포악무도하거나 어리석지 않는 자라도, 조금이라도 그 미묘한 차이를 성찰하지 않으면 스스로 천리라고 생각하면서 자신이 인욕에 빠지고 있음을 알지 못한다고 경계했다.

따라서 사람이 착하게 살려면, 사단을 실현하는 과정에서 순간순간 선과 옳음을 확인하는 성실성과 선의지가 필요한 이유이다.

선행과 의리

우암은 인심·도심과 천리·인욕을 엄정하게 구별하여 마음이 발한 이후 과불급의 차이에 따라 선악이 구별된다고 보았다. 따라서 인정은 선악이 없으며, 인정을 헤아리는 의지에서 선악이 갈린다고 보았다. 사단 칠정은 이치와 도의에 적중할 때 선이 되고 과불급할 때 악이 되는 것이며, 선의지로부터 선행이 도출되는 것이다. 그러므로 선행이란 바른 마음(정심)에서 출발한다.

또한 사물이 이치와 도의에 알맞을 때 선이 된다. 우암은 이치란 사물에 처음부터 존재하는 것이고, 의란 사물을 이치에 따라 바르게 처리하는 것이라고 했다. 도의의 관계로 보면, 아버지는 자애롭고 아들은 효도하는 것은 의이고, 자애하고 효도하는 이치는 도라고 설명했다. 대하는 사물의 이치와 그 이치에 따른 당연함을 행하여야 선행이 되는 것이다.

선하려고 노력하고 욕심을 적게 하라.

우암은 착하게 사는 방법으로서 '적극적으로 선을 행하려고 하고, 욕심을 적게 하라.'고 했다. 우암은 도심이란 욕심의 과불급이 없는 인심이라고 보았으며, 따라서 도심을 얻을 수 있는 방법은 욕심을 적게 하는 '과욕寡慾'이 가장 좋은 방법이라고 보았다.

욕심을 적게 하는 방법으로는 '정淨' '성誠' '경敬'을 강조했다. 과욕은 '경'에 있다고 했다. 군자는 경을 유지하여 본성을 기르고 소인은 제멋대로 하여 본성을 위배하는데, 경을 유지하면 욕심을 적게 하고 이치를 밝힐 수 있고, 그러면 '마음이 고요해지고 텅 빈 듯 하고, 움직이면 곧게 되는' 경지에 이르게 되어 성인을 배울 수 있다고 했다. 마음을 다스리는 방법을 경보다 더 좋은 것이 없으며, '경을 외면하고 다른 데에서 찾는다는 것은 마치 약을 버리고서 병을 치료하려는 것과 같다'고 했다.

우암은 특히 '정淨'공부를 중시했다. 우암은, '정'이라는 것은 본성의 진실함이니, 마음이 고요하고 움직이지 않아야[寂然不動] 사물의 변화에 대응할 수 있으며 천하의 움직임을 하나로 할 수 있다고 했다. '정'은 심의 작용을 멈추는 것이 아니라 심이 욕망이나 외물에 지배되어 동요하지 않는 상태다. 욕망을 부정하는 것이 아니라 사욕을 부정하는 텅 비고 고요한 마음 상태이다. 현실 생활세계 안에서 언제나 도심을 곧게 낼 수 있는 마음 상태라고 할 수 있다.

우암은 내적 도덕성을 성취하는 데에 있어서 '성'과 '경'은 필수 공부이고, 텅 비고 고요한 마음 상태를 유지할 때 그러한 의리 행위가 가능하다고 보았다.

'정'·'성'·'경' 하여 자신의 밝은 덕(명덕)을 회복하고, 인심이 정으로 발할 때 선악이 나뉘는 기미를 살피어 사단 칠정을 중절하게 하면, 도심을 회복하여 의리를 행하게 된다는 것이다.

2) 바른 인식과 호연지기

바른 인식과 곧은 마음

우암은 성경·경·정 공부를 통하여 사욕을 제거하고 내적인 도덕성을 함양할 뿐만 아니라, 격치공부를 통하여 객관적인 이치를 깨달아야 적극적이고 현실적으로 사단을 확충하여 공심을 실천할 수 있다고 보았다.

우암은 의리를 제대로 행하기 위해서는 내적인 도덕성은 물론 객관세계의 바른 이치를 알지 않으면 안 된다고 보았기 때문에, 사심 없는 마음만으로는 공정한 마음을 발휘하기 어려우며, 바른 이치에 합당해야 한다고 말했다. 바른 이치란 구체적으로 인륜을 의미한다. 우암은 다음과 같이 말했다.

> 사물에는 다 이치가 있다. 다만 처해 잇는 자리가 같지 않을 때는 그 이치의 쓰임[用]도 다른 것이니, 이를테면 임금이 되었으면 어질어야 하고 신하기 되었으면 공경해야 되는 것과 같다. 세상에 있는 온갖 사물에 대하여 그 이치를 공구하여 다하지 않음이 없는 것은 한 가지 일, 한 가지 물건이라도 그에 대처하는 것에 올바름을 얻지 못하는 것이 없게 하려는 까닭이다.

도심을 회복하여 내면에 주체를 세워야 할 뿐만 아니라, 인륜을 알아야 공심을 발휘할 수 있다는 것이다. 사회에서 각자 자기가 위치한 삶의 내용, 즉 군신 부자 부부 등 각기 처해 있는 자리에 따라 그 마땅함도 다르므로, 인의의 공동체를 건설하고 유지하기 위해서 인륜을 아는 격물치지는 중요한 공부이다.

우암은 반드시 격물치지 공부를 통해야 현실에 있어서 음과 양, 의리와 이익, 백과 흑을 판단함에 머뭇거리지 않고 판결할 수 있다고 보았다. 내적인 도덕성을 갖추는 한편, 인륜의 합리성을 통찰할 때, 진정한 의리와 용기를 발휘할 수 있다고 본 것이다.

우암은 이러한 일도양단의 확고부동한 삶의 태도를 강조하였으므로 '직'을 공부와 삶의 요결로 삼았다. 우암은 선악의 사이에 머뭇거리는 자는 끝내 음과 이기심과 혹으로 들어가게 되며, 그것은 인정의 안일함 때문이라고 했다.

우암은 독서를 하지 않으면 자기는 의라고 생각하지만 반드시 의가 되지 못하고 자기는 직이라고 생각하지만 반드시 직이 되지 못한다고 하였으며, 맹자와 주자가 사설을 물리치되 미워하기를 원수처럼 여긴 까닭은, 그러한 것들이 사람들로 하여금 직하지 못하고 머뭇거리다가 인륜을 저버리고 인정의 안일함에 빠져들게 하기 때문이라고 했다.

「호연장」을 천 번 읽다

우암은 평생 새벽에 일어나 독서했다. 특히 우암은 학문 성취 과정에서 평생 지속적인 관심과 각고의 노력으로 『맹자』의 「호연장」을 이해하기 위해 대단한 열성을 보였다. 우암은 14세 이후로 『맹자』를 읽었는데, 「호연장」의 말들을 알 수가 없었으며, 17세가 되어서 500~600번 정도 읽으니 쉽게 읽혀지기는 하였지만, 그 의미는 알 수 없었고, 그 후 조정에 있으면서도 틈만 나면 읽었지만 미진한 안타까움이 있다고 하면서 「호연장」을 이해하기 위해서 평생 고심하였는데, 노년에 이르러서야 비로소 대강 줄거리를 알게 되었다고 술회했다. 『맹자』 「호연장」이 『주역』이나 『중용』 보다 더 어렵다고 했다. 우암은 「호연장질의」에서 주자의 양기설 가운데에서 다음과 같은 말들을 채록하여 놓았다.

"세상에서 이치는 곧은 데도, 스스로 그것을 밝히지 못하는 것은 바로 기가 없기 때문이다."
"만일 기의 존양이 부족하면, 일을 당했을 때 비록 충분한 도리가 있어도 겁이 나서 용감하게 하지 못한다."

"날카로운 칼이 있을지라도, 오직 힘이 있는 자라야 그것을 사용할 수 있다."

"용기를 기르거나 부동심은 모두 기를 주로 한다."

"말로는 대군을 두려워 않는다는 자도 전쟁에 나가면 두려워서 죽는 수도 있지만 훈련을 자꾸 쌓으면 자연히 기가 자라게 된다."

의를 모으고 기를 기르다.

우암은 지적 탐구는 물론 도덕적 용기를 기르는 공부가 모두 필수적이라고 보았다. 격물치지와 성심정의의 공부로서 이치를 알고 아울러 기를 기르는 노력이 필요하다고 했다. 의를 모으는 공부를 '집의集義'라고 하고, 기를 기르는 공부를 '양기養氣'라고 한다.

기가 왕성해져야 용기가 생기고 흔들리지 않는 마음(부동심)을 지닐 수 있다는 것이다. 그러면 부동심은 어떻게 생기며 유지할 수 있는가? 우암은 바로 이러한 점에 큰 관심을 갖고 있었으며, 그것을 체득하고자 「호연장」에 평생 애를 쏟은 것이다.

'곧음[직直]'과 '집의'는 우암 수양론의 핵심 개념이다. 작은 마음에 사욕과 사심이 깨끗이 없어진 상태이며, 또한 그 상태에 도달하는 방법이기도 하다. 우암은 직에 이르는 방법에 대해 주자의 말을 인용하여 다음과 같이 말했다.

> 공부를 하는 요체는 오직 일마다 그 올바름을 살피어 구하고 그릇됨은 결연히 내버리는 것이다. 이것이 오래되면 심과 리가 하나 되어 자연히 마음이 발하는 바가 모두 사됨과 왜곡이 없다. 성인이 만사에 대응하고 천지가 만물을 생하는 것은 '직'일 뿐이다.

'직'공부의 요체는 '일마다 그 올바름을 살피어 구하고 그릇됨은 결연히 내버리는 것'으로서, '직'에 도달하기 위해서는 반드시 격치공부를 선행하는 한편, 부단히 사욕을 제거해야 하는 데에 관건이 있다. '궁리'와 '양기'는 두 바퀴와 같아서, '격치'만으로는 부동심을 이룰 수 없고, '양기'만으로는 조악한 필부의 용기에 불과할 뿐이다. 그러므로 우암은 다음과 같이 '직'과 '집의'를 강조했다.

> '경'과 '직'은 근본이다. 그러나 정자는 '경만 알고 의를 모을 줄 모르면 모두 헛것이다'라고 하였고, 주자도 '오로지 경을 주장하면서 생각이 일어나는 곳에 나아가 공公과 사私, 의義와 이利의 소재를 분별하여 버리고 취하는 기틀을 결단하지 않으면 혼매하고 산란하여 뒤범벅이 되니, 결국 경은 경이라고 할 수 없게 된다.'라고 했다. '경으로 안을 곧게 한다'와 '의로 행동을 바르게 한다'가 아울러 서로 필요하다.

'경'을 말하고 '의'를 말하지 않으면 불교(선)로 빠져들 염려가 있다. 우암은 특별히 '직'과 '의'를 말하지 않으면 안된다고 강조했다. 이처럼 '직'을 강조한 특성이 우암학의 핵심이다. 우암은 '직'으로 기른다는 말을 다음과 같이 설명했다.

> 스스로 반성하여 옳았을 때는 마음이 부끄러운 바가 없으므로 천만인도 두렵지 않으며, 이러한 마음으로 호연의 기를 기르면 그 기가 천지에 가득 차니, 이때는 천만인이 두렵지 않은 정도에 그치지 않는다.

그러므로 호연지기를 기르지 않으면 도의를 안다고 해도 오랫동안 지니지도 못하고, 지난다고 해도 외부세계에 실행해 나가지 못할 것이다.

호연지기

우암은 성인의 규모와 기상을 이룩하기 위해서는, 의리의 부동심에 도달해야 하며, 격치와 양기를 겸하여 공부해야 한다고 했다. 우암이 「호연장」을 평생토록 수천 번 읽고 암송했다는 사실은 그가 평소에 얼마나 확고한 자기 주체를 세우기 위해 노력하였는가를 말해준다. 여기에서 우암의 '불요불굴 일도양단'의 실천력이 나온다. 우암은 호연지기에 대해 다음과 같이 말했다.

> 나의 기가 어떻게 금방 천지 사이에 가득히 충만할 수 있겠는가. 이는 나의 기가 천지의 기와 동일하기 때문이다. 그러므로 정직함으로써 호연지기를 기르고 해침이 없으면 나의 기가 천지 사이에 가득히 충만할 수 있다. 만일 사의에 가리워진다면 호연지기가 부족해져서 도리어 작아지게 된다.

또한 '하늘을 우러러 보아도 부끄럽지 않고, 땅을 내려다보아도 부끄럽지 않다[仰不愧 俯不怍]'고 하는 것처럼 의구심과 두려움이 없는 것이 호연지기라고 했다. 사람의 기는 본래 호연한 것으로, 사람이 스스로 이 기를 없애지만, 의를 모으면 호연지기가 생긴다고 했다. 따라서 자신의 행위가 부끄럽거나 후회되는 일이 있으면 호연지기를 해치게 되고, 이렇게 되면 그 몸이 호연지기로 가득 차지 못하여 허탈해진다고 했다. 인도가 파괴되고 정도가 호도되는 비상시기에 처했다고 인식한 우암은 강력한 도덕실천을 해 나아가기 위해서 집의와 양기를 통한 역동적인 수양이 반드시 필요하다고 본 것이다.

곧음과 시중

우암의 학문과 철학은 '경으로 마음을 곧게'하고 '직으로 기를 기르는' 방법을 통하여 천리와 인욕, 바름과 악함, 옳음과 그름을 가르는 명백한 가치관을 세우고, 이에 입각하여 군자·소인, 중화·이적, 정학·이단을 결단하고, 마음도 곧고, 몸도 곧고, 일도 곧게 처리하는 경지에 도달해야 한다고 강조했다.

그러자면 자신과 자신이 관여하는 모든 것이 곧지 않은 바가 없도록 촉구했다. 화서 이항로는 우암이 직으로써 기를 길러 천지에 가득 채웠기 때문에, 천하의 지대한 일을 담당하였으되 동요하지 않고 천하의 지난한 지경에 처하였으나 좌절하지 않았다고 일컬었다.

이와 같이, 우암의 학문과 사상에 있어서 '직'은 대단히 중요한 의미가 있다. 그런데 직의 발휘는 의리의 상황성에 관련하여 중절과 시중을 이루어야 현실상으로 바르게 된다. 그러나 현실상황에서 처사와 시의에 따라 마땅하게 행동하는 것은 어려운 일이다. 하나의 고정된 기준으로 의를 고집할 때 본성을 곧게 발현한다고 할지라도 참된 의를 잃게 되므로, 절대적 긍정이나 부정이 없이 변하는 상황에 따라 마땅함을 찾아 권도를 행해야 하기 때문이다. 따라서 시중의 '중中'을 아울러 고려해야 한다.

'시중의 중'은 가치의 중립 상태를 말하는 것이 아니라, 현실세계에 참여하는 기준과 방법을 견지하며 개인의 편견을 배재하고 객관적 사실을 사실 그 자체로서 인식 할 수 있는 입장에서, 어느 한곳을 고집해서는 안된다는 것을 의미한다.

우암은 사람이 능히 극기하면 천리에 순응하게 되니, 중용을 하는데 어려움이 없다고 했다. 그러한 경지는 끊임없이 선을 택하여 고집하는 노력인 '집의'를 거쳐야 가능하다. 사욕을 극복하는 주관적인 노력과 선을 파악하는 객관적인 노력을 병행해야 시중에 따른 곧음을 행할 수 있다는 뜻이다.

문제

1. 어떻게 해야 마음을 잘 다스려 착한 마음으로 행동할 수 있을까요?

2. 〈사물에는 다 이치가 있다. 다만 처해 잇는 자리가 같지 않을 때는 그 이치의 쓰임[用]도 다른 것이니, 이를테면 임금이 되었으면 어질어야 하고 신하가 되었으면 공경해야 되는 것과 같다.〉고 주장합니다. 이를 현대 민주주의 입장에서 어떻게 적용할 수 있을까요?

3. 예학과 예론

1) 가정의 운영과 예학

예치사상

우암의 정치사상에서 중요한 부분은 예치禮治이다. 예치는 덕치와 함께 유학의 기본 통치철학이지만 특히 김장생의 예학에 영향을 받았다. 우암은 "예가 다스려지면 정치도 다스려지고, 예가 문란하게 되면 정치도 문란하게 된다."고 강조했다.

예는 유교정치에 있어서 교화의 수단일 뿐만 아니라 정치의 명분을 밝히는 것이기도 했다. 때문에 그는 복제服制논쟁에 깊이 개입했고, 만년에는 종묘제도의 이정과 문묘배향 문제, 정릉의 복위와 효종의 세실 문제, 만동묘의 설치 등 국가적 전례문제에 정력을 기울였다.

인격 도야와 예

우암의 사상에서 예학은 대단히 중요한 부분이다. 우암의 성리학은 성誠·경敬·정靜·궁리窮理의 공부를 통하여 타고난 성명의 바름에 따라 감정과 욕구를 절제하여 도심을 발휘하는 공부이다. 우암은 도심을 높이고 인욕을 눌러 개인의 인격을 높이는 한편, 『가례』·『소학』·『근사록』을 바탕으로 전개한 사계의 예학을 계승하여, 예학에 지대한 관심을 기울였으며 예학에 깊은 조예를 지니고 있었다.

우암의 예학은 예제에 관하여 논한 내용의 범위가 대단히 광범위했다. 우암이 문인들과 주고받은 서신 가운데에서 경전과 예학에 관한 문답을 추려 모은 『경례문답』 24권 10책 가운데에 11권 5책이 의례疑禮에 관한 문단이다. 그 내용은 통례와 관혼상제 등 가례뿐만 아니라, 국가 사회의 생활 전반에 걸친 예제를 논한 것이다.

예학의 원리는 의리를 밝히는 데에 있고 의리를 탐구하려면 성리학에 조예가 깊고 문헌 고증이 정밀하여야 한다. 천리와 인정에 부합되는 예제를 마련하고자 하는 것이 예학의 근본정신이다. 우암은 군자가 인의예지와 충신악忠信樂의 일곱 가지를 갖추어야 한다고 했다. 덕이 있는 인간은 인품을 사회적 형식인 예와 잘 융화시켜 도덕 연마에 많은 공을 들인 사람을 의미한다.

가례와 제가의 원리

우암은 인심을 바르게 하고 풍속과 교화를 맑게 하는 방도로서 예치를 치국의 근본으로 여겼다. 우암 예학의 특징은 『가례』를 보편예제로 여기고, 이를 바탕으로 조선의 상황에 실용 가능한 예제를 모색해 나가는 것이었다. 17세기 예학자들은 종법을 토대로 한 관심에 더욱 집중하였고, 『가례』의 종법사상을 현실에 구현하는 방법으로써 예치를 추구했다. 우암은 그러한 사고방식에 철저하였고 적극적으로 실천하고자 했다.

우암은 스승인 사계 김장생의 예학을 바탕으로 『가례』를 통하여 가정에 인의를 실현하고자 했다. 그 예제의 특징은 종법과 통統의 확립 중시이다. 종법을 성리학으로 재인식하고 그 내재 원리인 친친의 의리로서 집안을 다스린다는 근본사상에 입각하여, 양란으로 파괴된 가족제도를 재건하여, 대가족 제도를 바탕으로 국가 사회를 재건하고자 했다.

우암은 『가례』의 종법질서를 바탕으로 사회질서를 안정케 하고자 했다. 따라서 우암은 학자가 기본적으로 공부할 책으로 일상생활의 의리를 제시한 『소학』과 『가례』를 가장 우선시하여 학문의 입문처로 삼았고, 의리를 정밀하게 알기 위해서는 『심경』과 『근사록』을 중시했다.

종자 중심의 운영 질서

우암은 『가례』를 예제의 전범으로 삼고, 『가례』에 입각하여 관혼상제를 준행했다. 관례는 가손에게 『가례』에 따라 격식을 모두 갖추어 행하였고, 혼인은 철저한 부계 중심을 주장하여 모족 근친 간의 혼인을 허용하고 동성불혼제를 주장하여 동성이본 간의 혼인까지 반대했다. 모족과 처족을 중시하는 종래의 풍속을 이적시했다.

우암의 예학과 예행은 『가례』를 일통으로 하는 것이면서, 이와 함께 종자를 일통으로 하는 가족제도를 확립하고자 했다. 우암은 종법이란 지극히 엄한 것이므로 어떤 사람이라도 변통할 수 없다고 하였으며, 적통을 세우는 것은 천자에서 사대부에 이르기까지 동일한 것이라고 했다. 우암은 『가례』의 명분과 의리에 따른 종통을 중시하고, 특히 종자 일통의 가족제도를 더욱 강화했다.

『가례』의 종법 제도는 부계 중심으로 각 씨족의 근원을 밝히는 대종과 가까운 친족 간의 화목을 도모하는 소종으로 구성되어 있으며, 가례를 행하는 중심처인 사당을 주관하는 종자는 제사를 주재하고 소속 친족들의 각종 행례를 주관하는 주례자이며 일족을 통괄하는 통솔자이기도 하다. 대종의 종자와 제손과의 관계는 군신관계와 같아서 주요사는 종자가 중심이 되어 처리하도록 했다.

상례와 제례

관혼상제 사례 가운데에 중심이 되는 것은 상례와 제례이다. 우암은 성리학의 의리에 입각하여 문헌의 전거 고증에 의해 다양한 상례를 관습례로 정착시키려 했다.

제례는 가례의 예 가운데 가장 중요한 예로서, 사당을 중심으로 종자의 주관 하에 행해지는 것으로 종통을 세워 종자를 중심으로 하여 씨족의 유대와 결속을 강화하여 가족의 화목을 도모한다. 그러므로 우암은 사례 가운데 제례를 가장 중시하여, 그 후손이 가난하여 제사하지 못하는 선조의 제사까지 족인과 더불어 받들게 하고 제수를 보내어 제사지내게 했다.

친친의 원리와 종법 질서

우암은 『가례』를 행하여 종법으로서 가부장 중심의 일원적인 가족질서를 수립하고자 하였으며, 친친親親의 원리인 종법 질서로써 사회의 기초적 원리로 삼아, 인륜적 국가사회로 재건하고자 했다. 따라서 『가례』를 전범으로 삼아서, 왕가王家와 사서士庶의 신분적 귀천의 차별을 두지 않고 가례의 의리를 보편화하였으며, 부계를 중심으로 가부장적 위계질서를 확립하고자 했다.

가정의 생활예절

우암은 국가와 인류의 대의를 세우고 평생 그 사업에 전력하여 후세의 가장 큰 스승이 되었지만, 가정에서도 효심이 깊은 아들이었고, 대단히 엄격하면서도 자상한 가장이었다. 우암은 자식과 손자들과 수 없이 많은 편지를 주고 받았으며 부인과 자녀를 엄격히 대하면서도 자상한 면모를 잃지 않았다. 부인을 공경하여 나가고 들어올 때도 반드시 부인에게 인사하고 존댓말을 썼다고 한다.

한편 집안에서 일체의 사치를 금지하고 근면하고 검소한 생활을 몸소 실천하여 교화의 모범이 되기도 했다. 부모님이 생전에 가난하여 주무실 때 요가 없었다고 하면서 평생 요를 깔고 자지 않았으며, 임금이 귀한 옷과 음식을 권할 때도 사양하고 항상 무명옷과 검소한 음식으로 생활했다.

우암은 학문과 사상에 따라 가정생활에서도 생활의례와 의복 등을 유교적인 것으로 변화하고자 했다. 혼례 등의 예속과 의복, 그리고 일상생활의 전통적인 우리나라 습속을 고쳐 중국에서 행하던 유교문화로 바꾸어 행하기를 주장하고, 자신과 가정에서 직접 행했다.

부녀자의 도리서 「계녀서」

우암은 가정운영에 주부의 권리를 중시하였으며, 한편으로는 부녀자에게 효행·정절·순종 등 전통적인 미덕을 강조했다. 특히 시집가는 장녀를 위해 친히 「계녀서」를 직접 지어 주기도 했다. 「계녀서」는 딸을 훈계하는 책이라는 뜻으로, 부녀자의 덕 교육을 위한 한국의 대표적인 저술이다. 우암은 이 책을 한글로 써서 부녀자들이 쉽게 읽을 수 있도록 배려했다.

이 책은 부모 섬기는 도리, 남편 받드는 도리, 형제 간에 화목하는 도리 등 시집간 여자가 지켜야 할 덕목을 20항목에 걸쳐 자상하게 기록한 것으로, 우암은 딸이 한 가정의 부녀자로서 행할 몸가짐과 집안을 운영하는 도리를 상세하게 가르쳐서 시집에서 사랑받을 수 있도록 가르쳤다.

2) 왕실의 전례와 예론

복제 문제의 발생

전례典禮는 왕실의 의례문제이다. 왕실의 전례문제에 대하여 우암은 김장생의 예설을 계승하여 가통의 불변성을 강조하고, 왕이라도 가통 계승 문제에 있어서는 예외일 수 없으며, 왕통은 성통과 부합할 때 정당성을 얻을 수 있다고 강조했다. 이러한 우암의 예학 정신은 당시에 발생한 현종 원년의 기해복제 문제와 현종 15년의 갑인복제 예론에서 뚜렷하게 드러났다.

현종 원년(기해년, 1660)의 1차 복제문제는 효종이 승하한 후, 그의 계모(인조의 계비)인 자의대비(조씨)가 효종을 위해 얼마 동안 상복을 입느냐 하는 문제이다. 효종은 인조의 차자로 그의 형인 소현세자가 이미 왕위를 계승하기 전에 사망하여, 차자로써 즉위했다. 소현세자가 사망한 후, 인조는 소현세자의 처를 사사하고 세 아들을 유배에 처하였으며, 봉림대군을 왕세자로, 그 아들을 왕세손으로 책봉했다. 그러나 당시에 김집·송시열·송준길 등은 소현세자의 장자를 왕세손으로 책봉할 것을 주장하기도 했다.

복제문제가 일어난 때에도 소현세자의 막내아들 경안군이 살아 있었다. 그러나 효종은 차자이지만 왕위를 계승하였으니, 장차자의 지위를 결정하는 것은 쉬운 일이 아니었다. 왕통을 이은 이상 효종을 장자로 볼 것인가, 가통에 의거하여 그대로 차자로 볼 것인가가 문제되었다. 예제상, 장자로 보면 자의대비는 삼년복을 입게 되고, 차자로 보면 기년복을 입어야한다. 예조에서는 조신들에게 복제를 의뢰하였고, 이로서 복제문제가 발단되었다.

이 논의는 기해년에 우암과 윤휴의 논쟁에서 시작되어, 서인 남인 간에 수없이 많은 상소가 올려지고, 숙종이 더 이상의 복제논쟁을 금지할 때까지(기미년, 숙종5년, 1679) 20여년에 걸쳐 전개되었다. 복제논쟁은 양적으로나 기간으로나 엄청난 논쟁이었고, 왕통계승의 정당성 문제로 비화할 수도 있는 심각한 의미를 내포하고 있었다.

치열한 예 논쟁

예논쟁의 핵심은 왕가라는 특수층의 의례가 종법에 우선할 수 있는가 그렇지 않은가 하는 관점이 차이였다. 효종의 즉위는 종법상에서 볼 때, 왕위 계승에서 종통이 불일치하는 상황으로서 새로운 적통에 의해 왕위가 이어지게 되었음을 의미한다. 효종은 왕통상으로는 인조의 적통을 이었지만 종법상으로는 인조의 둘째아들이므로 종통을 이은 것은 아니었다.

종법으로 보자면 효종의 계모인 자의대비는 당연히 종법에 따라 1년상을 입어야 할 일이다. 이에 따라 우암은 1년상을 주장했다. 그러나 윤휴·허목·윤선도 등은 효종이 차자로 출생하였더라도 왕위에 오르면 장자가 된다는 허목의 차장자설을 주장했다. 이 논리는 천리인 종법이 왕가의 의례에서는 변칙으로 적용될 수 있다는 것이었다. 이 논리에 따르면 효종은 당연히 장자가 되며, 자의대비는 효종을 위하여 3년의 복을 입어야 한다.

따라서 왕실 전례 문제에 대한 입장 차이는 단순한 예 논란이 아니라, 종법의 적용에 대한 해석의 차이였으며, 현실적으로는 왕권 승계와 연계될 수도 있는 중대한 문제였다.

1차 복제 논쟁의 결말

1차 예송은 어느 쪽의 주장도 아니라 국제國制인 『경국대전』에 장자와 차자의 구분 없이 1년복을 입게 한 규정에 따라 결말 지었다. 결국 1년상이므로 결과적으로는 우암의 예론이 적용된 것으로 되었다. 그러나 완전한 해결이 아니었으므로 왕실의 종법 질서에서 효종의 위상에 대해 정리된 것이 아니었고, 이 문제는 결국 2차 예송의 빌미가 되었다.

2차 복제 논쟁의 발생

2차 예송(갑인예송)은 효종의 비인 인선왕후가 죽자 또다시 자의대비가 상복을 어떻게 입을 것인가 하는 문제로 벌어졌다. 1차 예송에서는 국제기년복이 채택되어 효종이 장자인지, 차자인지의 문제가 애매하게 지나갔으나, 인선대비가 사망하자 이 문제가 다시 제기되었다. 효종을 장자로 인정한다면 인선대비는 장자부이므로 대왕대비는 기년복(1년복)을 입어야 하지만, 효종을 차자로 본다면 복제는 대공복(9개월)을 입어야 하기 때문이었다.

예조에서는 처음에 기년복으로 정했다가, 다시 대공복으로 복제를 바꾸어 올렸다. 현종은 대공복제 채택은 효종을 차자로 인정하는 잘못된 예재라고 하여 관련자를 처벌했다.

2차 복제논쟁의 결말

이후 서인 세력이 대대적으로 정계에서 축출되고 남인정권이 들어서게 되었다. 이후 우암도 '예를 그르친 죄'를 입고 파직 삭출되었다가 경상도의 덕원과 장기 등에서 귀양생활을 하게 되었다. 우암은 『의례』에 근거하여 복제를 주장했으나, 그 본뜻은 대체로 모든 사람의 인정과 의리는 동일하며 이에 따라 예제를 동일하게 적용해야 한다는 것이다. 그러므로 제왕가의 예도 일반 사서인士庶人과 다르지 않다는 예 보편주의에 입각한 것이었다. 또한 왕통은 혈통이 아니라 왕도를 행하는 성통에 의거해야 한다는 도학 정치사사상을 반영한 것이기도 하다.

그러나 우암은 왕실을 낮추고 조통과 왕통을 두 갈래로 만들어 왕실의 통서를 어지럽혔다는 죄를 받아 관작이 삭탈되고 귀양을 가게 되었다.

문제

1. 〈천리와 인정에 부합되는 예제를 마련하고자 하는 것이 예학의 근본정신이다. 우암은 군자가 인의예지와 충신악忠信樂의 일곱 가지를 갖추어야 한다고 했다. 덕이 있는 인간은 인품을 사회적 형식인 예와 잘 융화시켜 도덕 연마에 많은 공을 들인 사람을 의미한다.〉 앞의 내용을 현대인의 생활과 견주어 서술하세요.

2. 우암 선생이 쓴 '계녀서'를 상세하게 정리하세요.

4. 정의가 바로 선 나라

1) 민족의 위기와 재건의 길

왜란과 두 차례의 호란

우암이 살던 17세기 초는 엄청난 전쟁의 소용돌이가 세 차례나 우리나라를 휩쓸던 시기였다. 우암이 태어나기 15년 전에 임진왜란(1592~1598)이 일어났으며, 7년의 왜란을 겪고 난 다음에도 만주에서 발흥한 여진족이 점차 그 세력을 넓혀 우암의 나이 21세에 정묘호란(1627)을 일으켰다. 그 후 우암이 30세 되던 해에 다시 병자호란(1636, 인조14)을 일으켰다. 국토는 수차례 전쟁으로 폐허가 되고 민생은 극도로 곤궁한데다 유행병마저 만연하여 백성들은 연명의 기력마저 잃어가고 있었다.

이처럼 당시 동아시아의 국제질서는 명나라 중심의 질서가 무너지고, 왜란을 계기로 청의 등장과 명의 몰락이라는 대변동이 일어났다. 왜란의 와중에 만주에서는 여진족이 부족을 통일하여 후금을 세우고, 명을 침략했다.

명은 왜란 때에 도와준 것을 구실로 조선에게 파병을 요구했다. 당시의 임금이었던 광해군은 강홍립 장군에게 명하여 1만의 군대로 원조하였으나, 전세를 관망하다가 후금에 항복하여 명청 분쟁의 와중에서 위기를 넘기고 있었다. 그런데 서인과 남인을 중심으로 사림들은 광해군의 '폐모살제'(새어머니 인목대비 김씨를 폐비하고 배다른 아우 영창대군을 죽인 일)한 패륜에 대한 응징과 친후금 정책에 반대하고 인조반정(1623)을 일으켰다.

후금은 광해군을 위하여 보복한다는 구실을 빙자하여 조선을 침략했다.(정묘호란, 인조5, 1627) 조선은 후금에게 강화를 청하여 형제의 맹약을 맺기로 약속하였으니, 그 후 후금의 태종은 칭제하고 국호를 대청이라고 고치고, 청 태종은 대군을 이끌고 재침하여 병자호란(인조14, 1636)을 일으켰다.

삼전도의 치욕

인조는 남한산성에서 항전하였지만 결국 성 밖에 나가 삼전도(지금의 서울시 송파구)로 주둔하던 청 태종의 진영에서 삼배구고두(3번 절하면서 9번 이마를 땅에 찧는 예)로 항복을 청하여 '성하의 맹'을 맺고 신하라고 칭하는 굴욕을 당했다. 11개 조항의 항복 조건 가운데 주요한 것은 청에 대한 신하의 예, 명과의 단교, 왕자 인질, 청의 명 공격시 조선군 파병 등이었다.

이러한 항복 조건에 의하여 소현세자와 봉림대군(효종)이 인질로 잡혀가고, 척화를 강경하게 주장한 홍익한·윤집·오달제 등 삼학사가 끌려가 죽음을 당하였으며, 김상헌과 최명길도 잡혀가 문책당했다.

또한 부당한 침략을 당하였음에도 불구하고 조선은 「대청 황제 공덕비」를 세워, 청이 나라를 멸망시키지 않은 은혜에 감사해야 했다. 그 비분에, 작은 나라로서 상국에 죄를 지은 바가 오래 되었으나, 청이 다시 살려준 은혜는 바짝 마른 봄 가뭄에 때 맞춰 내리는 비와 같으며, 마른 뼈에 다시 살이 돋고 겨울의 풀뿌리가 다시 봄을 맞은 것 같다고 써야만 했다.

왜란은 왜군이 후퇴함으로서 끝났지만, 호란의 결말은 군신의 맹을 맺는 굴욕적인 것이었으므로, 전국 각지에서는 '복수설치'하자는 여론이 팽배해졌다.

효종의 즉위와 북벌 준비

이러한 상황에서 먼저 귀국한 소현세자가 사망하여 봉림대군이 왕으로 즉위했다. 이 분이 효종이다. 효종은 즉위하자 강력한 북벌 의지를 지니고 군비

확장 정책을 강화했다. 효종은 군비확장 등 적극적으로 북벌사업을 수행하고자 했다.

효종은 군비 확장 정책을 강력히 밀고 나아가, 어영군을 제도화하여 어영청을 두고 어영대장에 이완(1602~1674)을 임명하였다. 또한 금군을 내삼청(용호영)으로 개편하고 기병대를 신설하였으며, 훈련원의 군액을 늘렸으며, 무사들을 대거 선발했다. 한편, 양병의 재원을 마련하기 위해 공경 이하 양반들에게는 포 한필, 승려에게는 쌀 석 섬을 부과하여 군역 의무가 없는 사람들도 북벌에 참여하게 했다.

이러한 군정은 어느 정도 실효를 보아 청의 요청으로 파병하였던 1654년(효종 5)과 1658년(효종 9) 두 차례에 걸친 라선정벌에 큰 전과를 올리기도 했다. 그러나 매년 흉년이 들고 민생이 어려워지자 효종은 '날은 저물고 길은 멀다[日暮途遠]'는 초조감을 지니고 있었다.

복수설치와 춘추정신

이때, 우암은 북벌의 당위와 조건을 말한 「기축봉사」와 「정유봉사」를 상주하였으며, 효종은 우암을 이조판서로 기용하고(효종 9년), 우암에게 '천리를 밝히고 인심을 바르게 하는[明天理 正人心]'사업을 수행하는 일을 세도(世道)로서 자임하라고 명했다.

우암은 출처의 의리와 도를 행하는 과제는 군주를 도와 '복수설치'하는 것이라고 여기고, 난세에 처하였을 때 숨어 살면서 일생을 마치는 것보다 세상에 나아가 도를 행하는 것이 옳으며, 벼슬에 나아가 임금을 보필하여 복수설치 하는 것이 대인의 사업이라고 했다.

당시 복수설치의 의리는 삼전도의 치욕을 씻는다는 설치의 의리와, 임금의

나라이며 임진왜란 때 파병하여 도와 준 은혜에 대한 보은으로서 명을 위한 복수의 의리였다. 그러나 우암의 복수설치론은 조선의 치욕을 씻고, 명을 위한 복수를 하는 것에 동의하면서도, 그것이 북벌을 주장하는 제일 큰 뜻은 아니었다. 북벌의 이유는 인의의 문화를 야만으로부터 수호한다는 것에 제일 큰 의의가 있었다. 그러한 의미는 그의 문인 권상하와 윤봉구의 대화에 잘 드러나고 있다.

> 윤봉구가 말하기를, 듣건대 김상헌, 김집, 송준길 선생들은 명을 위한 복수로 대의를 삼았으나, 우옹은 여기에 일절을 더하여 춘추대의에 '이적이 중국에 들어 올 수 없고 금수가 인류와 한 무리를 이룰 수 없다.'는 뜻으로 첫 번째 의리로 삼고, 명을 위한 복수는 두 번째 의리로 삼았다 하니, 그렇습니까? 권상하가 말하기를, 노선생의 뜻이 바로 그러했다.

이적과 중국, 금수와 인류를 구분하고 금수와 이적이 문명세계와 인류를 야만화하지 못하게 하여야 한다는 것이었다. 우암은 명 멸망 당시의 상황을 논하여, 명 왕실을 멸망시킨 난신 이자성보다 반란자를 막기 위해 호족을 끌어들인 오삼계의 죄가 더 크다고 규정했다. 오삼계는 군주의 원수를 갚으려 후금 군대를 중국으로 끌어 들였지만, 그로 인하여 중원이 멸망되는 화를 만들었다고 보았기 때문이었다.

우암은 중국 왕조의 멸망보다 문명과 도의 멸망을 더 상위의 문제로 여겼다. 우암의 숭명배청의 제일의는 인간 세계에 인륜과 도의가 멸망하여 인류가 야만세계로 전락되는 것을 막고자 하는 뜻이다. 인의의 문화를 유지하고 문명을 야만으로부터 수호한다는 우암의 복수 설치론은 덕을 숭상하고 불의한 폭력을 용납하지 않는 의리정신의 참모습을 보여 주고 있다.

2) 인류세계의 붕괴와 문명수호의 정신

우환의식과 문명수호

우암은 자신이 처한 상황을 난세에의 우환의식으로 지켜보았으며, 삼전도에서의 항복은 한강 물로도 다 씻어낼 수 없는 치욕이라고 여겼다. 청은 명이 망하자 중화 지역을 차지하고, 조선 또한 그 침략에 항복하여 군신의 관계를 맺은 상황에서, 우암은 국가의 존망과 도의 존망을 우려했다.

우암은 다음과 같이, 현실 사회문제의 부조리를 일차적으로 윤리 도덕의 측면에서 인식하였으며, 그 해결 방안 역시 인륜질서의 회복에 있다고 보았다.

국가 천하를 다스리는 것은 대륜을 밝히고 대법을 세우는 것일 뿐이다. 대륜이라는 것은 부자·군신·부부이며, 대법이라는 것은 삼자의 사이에 행하는 이치이다. 이 세 가지 가운데 하나라도 밝지 못하고 삼자를 행하는 이치에 하나라도 미진하면, 중국은 이적이 되고 인류는 금수가 된다. 그러므로 성인이 스스로 행하고 다른 사람을 가르치는 까닭은 이것으로서 우선을 삼지 않음이 없다.

한 집단이 인륜을 지킬 때 문명사회(중화)가 되고, 그렇지 못할 때 야만사회(이적)가 되는 것이라고 인식한 우암은 이적이 천하를 전횡하는 당시의 무도한 시대를 가만히 앉아서 볼 수는 없었다.

난신을 주살하고 적자를 토벌하며, 문명을 안으로 지키고 야만을 밖으로 물리치며, 왕도를 귀하게 여기고 패도를 천하게 여겨야 한다는 『춘추』의 근본정신은 바로 인의의 정신이며, 우암의 학문과 사업이었다.

대일통과 민족 주체성

우암의 춘추대의 정신은 인의정신에 입각한 '대일통'정신을 실현하고자 한 것이었다. 이에 입각한 북벌론은 천리와 인정으로서 행해야 할 것으로, 단지 사직과 백성과 강토가 유린당한 복수심이거나 명의 은혜에 대한 보답의 차원을 넘고 있다. 그것은 '존왕양이尊王攘夷'의 이념으로 세계평화의 이상과 인도를 실현한다는 생각이다.

그러므로 우암은 국수주의적인 민족주의나 민족 주체성이 결여된 범세계주의를 반대한다. 민족의 주체성은 독존적인 소아적 주체가 아니라 타인과 공생 공영할 수 있는 대아적 주체에 기초해야 함을 말하고 있다. 이러한 정신은 무도한 힘을 배격하고 인의의 문명을 수호한다는 도학적 주체의식의 발로였다.

3) 세도를 자임하다

세도를 세우다.

우암이 정계에 등장한 17세기 중엽 조선의 역사적 상황은 왜란과 호란에 의한 국권 상실의 위기와 민족 자주의식의 좌절, 양란의 피해로 인한 국가 전반의 피폐, 계속되는 내란과 당쟁의 심화로 인한 내정 불안, 국고와 민생의 파탄 등 전반적인 국가 존망의 위기에 처해 있었다.

그러나 국가적 피폐와 민생 파탄이 극도에 이르렀는데도, 국가 기강이 해이하고 빈부 격차가 심화되어 가던 시대로서, 국권 회복을 도모하면서도 국가와 민생의 파탄 등 전반적인 국가 존망의 위기에 처해 있었다.

그러나 국가적 피폐와 민생 파탄이 극도에 이르렀는데도, 국가 기강이 해이하고 빈부 격차가 심화되어 가던 시대로서, 국권 회복을 도모하면서도 국가와 민생의 이익을 성취해야 하는 난제가 던져진 상황이었다. 부국강병과 민생안정을 이루는 한편, 정당한 국시를 정립하여 민족의 자주정신과 국권을 회복하는 기초를 마련하기 위해 노력해야 했던 것이다. 우암은 인심과 인륜의 붕괴를 자신의 우환으로 여겼으며, 자신이 존경하였던 조광조가 한 것과 같이, 스스로 '세도'를 자임하려 했다.

세도란 현실의 부조리를 바르게 하고자 하는 도학의 반정정신과 이념을 구체적으로 표현한 용어로서, 조선 초기 이래로 사용하여 온 개념이다. 19세기의 '세도勢道'와는 달리, 정권적 차원보다는 이념적 차원의 개념이다. 세태의 바른 모습, 윤리 도덕적 측면에서의 올바른 사회 상황, 사회의 기풍, 올바른 풍속, 유교적 정치가 시행되는 사회의 분위기, 또는 관료의 기강, 정치사회의 질서 등을 의미하는 말이다.

관직생활

우암의 관직 생활은 인조11년(1633) 27세에 과거 급제 이후 숙종 15년(1689) 83세에 이르기까지 약 56년간에 걸쳐 소명과 제수가 167회에 이른다. 그러나 제수에 응한 일은 37회에 불과하고 조정에 입조한 기간은 몇 년에 지나지 않았다. 우의정, 좌의정에 세 번 제수되기도 하였으나, 조정에 출사한 일수는 49일에 불과했다.

효종의 '세도지탁'을 받아 우암이 자임하고자 한 세도는 '천리를 밝히고 [明天理], 인심을 바르게 하고[正人心], 이단을 물리치고[闢異端], 바른 학문을 세운다[扶正學]'는 것이었다. 그 구체적 방도는 주자의 학문을 펼치고 효종의 사업을 계승하는 일이었다. 우암은 일생동안 '명천리', '정인심', '벽이단', '부정학' 이라는 이념을 세도로 내세우고, 자기의 책임으로 삼았다.

세도를 행하는 일

그러면 '명천리·정인심·벽이단·부정학' 하는 일을 왜 해야 하는가. 우암 사상에 있어서, '명천리·정인심·벽이단·부정학'이라는 학술과 사상의 실천은 '군부를 높이고[尊君父], 이적을 물리치며[攘夷狄], 난신을 토벌하고[討亂臣], 적자를 죽인다[誅賊子]'는 정치·사회상의 실천 원칙과 불가분의 관계에 있다.

우암은 군부君父를 높여야 한다고 보았다. 군·부란 힘과 권위로써 국가나 가정을 지배하는 자가 아니라, 왕도를 행하는 임금과 자애로운 아버지를 의미한다. 신하와 자식 역시 자신의 위상에 따른 역할을 수행해야 한다. 이에 따르면 정명을 벗어난 임금에 대한 비판과 저항, 임금과 아비를 저버리는 자에 대한 단죄를 정당화한다. 이적과 난신적자란 인심을 저버리고 천리를 위배하는 사사로운 행위를 하여 인간 사회의 질서를 깨트리는 자를 의미한다.

그러므로 우암이 추구한 정학이란 천리인 군신·부자의 인륜질서를 분명하게 밝히고 인심을 바르게 하여 사람들로 하여금 인륜질서에 자발적으로 참여하게 하는 학문이며, 이와는 반대로 이단이란 그것을 방해하고 인륜질서에 자발적으로 참여하게 하는 학문이며, 이와는 반대로 이단이란 그것을 방해하고 왜곡시키는 학문이다. 따라서 세도를 행하는 일이란 왕도와 정학을 바로 세우고, 이적과 이단을 물리치는 일로 요약할 수 있다.

주자 후 일인자

우암이 왕도와 이적, 이단과 정학을 분별한 관건은 '명천리 정인심'이다. 우암의 제자인 권상하와 김창협은 우암의 공을 다음과 같이 평했다.

> 주자가 죽은 뒤 성학이 전해지지 않고 이단의 말이 떠들썩하여 사도가 드러나지 못했다가, 하늘의 도움으로 우리나라에 진유들이 나와 성리의 호리를 분석하여 이학을 밝힌 업적이 북송 대보다 훌륭했다. 우암에 이

르러 이학을 더욱 확대하고 천명하여, 멀리는 주자의 정통을 잇고 가까이는 제유의 업적을 집대성하여 백세의 종사가 되니 그 공이 크다.

선생은 융성한 효종 시대를 만나 꿋꿋하게 '존왕양이'의 일을 자기의 책임으로 삼았고 군신 간에 중대한 국가 계책을 도모할 때는 금석이라도 뚫을 듯이 의지가 견고하여 비록 일과 공을 이루지 못했다고 할지라도, 대의는 밝아 충분히 천하만세에 할 말이 있을 것이다.

권상하의 평은 사도斯道를 높이고 이단을 막은 공을 말한 것이고, 김창협의 평은 왕도를 높이고 이적을 물리친 공을 말한 것이다.

윤봉구는 우암의 학문과 사업이, 공자에게서 주자로 주자에게서 우암에게로 일맥상통하는 것이라고 요약하였으며, 공자의 도는 주자에 이르러 크게 드러났고, 주자의 도는 우암에 이르러 크게 밝혀졌으니, 우암은 후세의 주자라고 했다

권상하는 우암이 뭇 유자를 집대성했다고 하면서, 공자가 성인을 집대성하고, 주자가 현인을 집대성함과 동일하다고 했다. 그리하여 주자는 공자 이후의 일인자이고, 우암은 주자 이후의 일인자라고 요약했다.

우암이 주자를 받든 제일의는 주자가 춘추대의를 밝히고 그것을 시행하고자 한 것이며, 우암이 주자를 공맹 이후의 일인자로 여겨 추존하고 신봉하였듯이, 우암의 제자들은 우암을 주자 이후의 일인자로 여겨 추존한 것이다.

공자·주자의 학문과 춘추대의사상은 인간의 본성을 확신하고 신뢰하는 한에서 성인이며 그것을 바탕으로 인간의 대도를 제시한 것으로, 우암이 공자와 주자와 춘추대의를 삶의 표준으로 삼은 바는 바로 인간의 본성과 그것에 기초한 인간세계의 성취에 궁극적 목표가 있었기 때문이었다.

주자 존숭과 독서

우암의 학문은 공맹과 주자의 학문을 이어 받은 것이며, 가까이로는 김장생의 학문을 이어 받은 것이다. 김장생은 이이에게서 이학을 전수하고 송익필에게서 예학을 전수했다. 그러므로 우암의 학문은 김장생을 통하여 이이와 송익필의 학문과 사상을 이어 받아 학문체계를 수립하고 실천에 옮긴 것이다. 이들은 주자학을 성현의 도통을 이어받은 정통 학문이라고 보아 존숭하였으며, 우암은 누구보다도 철저히 주자를 칭송하고 주자를 계승하려고 했다.

우암은 '뭇 성인을 집약하여 대성한 자는 공자이고, 뭇 현인을 집약하여 대성한 자는 주자'라고 하여, 주자를 공자 이후의 일인자로 칭하였고, "말마다 옳은 것은 주자이며, 일마다 마땅한 것은 주자이니, 주자가 어찌 성인이 아니겠는가"라고 하면서, 주자를 성인이라고 칭했다. 우암의 일생은 주자를 사표로 삼아, 주자의 학문을 기초로 하고 주자의 행실을 표준으로 하여 살아가고자 했다. 우암은 사망하기 직전까지도 『주자대전』·『어류』·『역학계몽』·『강목』을 읽었으며, 죽음에 임하였을 때 학문은 마땅히 주자를 위주로 하라고 유언했다.

주자를 배우는 이유

우암이 이토록 주자를 존숭하고 배우려고 한 이유는 무엇인가?

그것은 첫째, '존주자'는 국권회복과 문명수호의 사업과 불가분의 관계에 있다고 생각했기 때문이다. 당시의 역사적 상황에서 세태를 바로 잡아 국가의 위기 상황과 훼손된 민족 자주정신을 회복할 수 있음은 물론 천하의 정의를 세우고 문명을 수호할 수 있는 유일한 방도라고 여겼다.

우암은 주자의 큰 가르침이란, 인의로 인간의 도를 세워, 인은 부자관계보다 더 큰 것이 없고 의는 군신관계보다 더 큰 것이 없다고 한 것이라고 요약하고, 인간의 도에 충효보다 더 큰 것이 없다고 했다. 우암은 춘추의 대의와 주자의 큰 가르침이 일월과 같이 밝아 인간이 금수에서 벗어났다고 하였으며, 그것이 인이라고 하였고, 주자야 말로 공자의 정통을 올바로 이은 성인으로서, 옛 성현의 가르침을 다시 밝히고 온전히 드러내었다고 했다.

그러므로 맹자 이후의 선비들이 모두 꿈속에서 헤매는 사람과 같았지만, 주자가 나온 이래 도학이 천명되어 남김없이 드러났으며, 따라서 주자는 백세의 스승이라고 하고, 주자의 학문을 '천리와 인욕을 밝히고, 의리와 이익을 구별했다[明理欲 判義利]'고 집약했다.

둘째, 우암은 자신이 처한 역사적 상황이 주자가 처한 시대와 흡사하다고 여기고, 주자의 말을 일일이 실천에 옮길 수 있다고 여겼기 때문이다. 북벌을 논한 독대에서 효종이 주자의 말을 과연 일일이 시행할 수 있는가를 묻자, 옛날 성현의 말은 시대 상황이 달라 행할 수 없는 것이 있으나, 주자의 말은 시세가 대단히 비슷하고, 또 그 때 당한 일이 오늘날과 서로 흡사하여 그 말을 하나하나 행할 수 있다고 대답했다. 주자의 도야 말로 공자의 도를 바르게 전한 것이며, 또한 주자의 시대와 우암 당시의 시대가 또한 흡사하다고 여겼으니, 우암의 주자 존숭은 절대적인 것이었다.

치열한 주자서 정리 작업

우암은 주자 저술을 체계적으로 정리하는 일에 누구보다도 탁월한 노력을 기울였다. 우암은 종전의 주자서 정리 작업을 종합하면서 새로이 방대한 계획을 세우고, 정주학의 체계를 문헌적으로 정리하는 작업을 추진해 나갔으며, 만년에 이르기까지 『이정유서』·『주자대전』·『주자어류』 등을 정리하고자 열정을 기울였다.

우암은 공자의 글을 읽어야 천하의 의리를 다할 수 있으며, 또한 반드시 주자서를 다 읽어야 공자서를 다 읽은 것이라고 하면서, 당시에는 주자서의 본지를 잃어버려 공자서까지도 제대로 읽을 수 없다고 했다. 따라서 주자서 정리는 주자서에 기술된 말이라면 무조건 권위를 부여하고 견강부회하려는 태도로서가 아니라, 의리를 정밀하게 밝혀야 한다는 학문적 의지를 표현한 것이라고 볼 수 있다.

우암은 주자서가 공·사와 천리·인욕을 분별하여 세상을 구하는 의리를 밝힌 것이라고 여기고, 세상을 구하는 대도를 확립하고자 정리·정도에 입각하여 주자서의 모든 부분을 세밀하게 재검토하고 새롭게 정리하여 무오류의 의리서를 만들어 내기 위해 노력한 것이다.

방대한 저술

우암은 방대한 저술을 남겼다. 그 자신이 찬술하거나 편집하여 간행한 저서들도 많고, 우암의 사후에 제자들이나 자손이 수집하여 간행한 문집이 있다. 우암은 대부분의 일생을 정계에서 물러나 학문과 교육에 많은 노력을 기울였고, 5년간의 귀양지 생활에서도 끊임없이 학문 연구에 몰두하여『주자대전차의』등과 같은 성리학 관련 서적과 주자서를 많이 집필했다.

우암은 사사되기 직전까지 귀양지 제주도에서도『주자대전차의』서문을 쓰고,『차의』를 권상하·김창협·이희조 등에게 수정하도록 부탁하였으며, 최후로 주자의『논맹정의』와『논맹혹문』을 합하여『논맹혹문정의통고』를 편수했다. 이때 우암은 죽음을 앞두고 제주도에 유배중이었고 나이는 83세였으니, 우암의 호학정신과 의리를 밝히고자 한 정열을 가히 짐작할 수 있다. 그밖에도『주자어류소분』,『이정서분류』,『논맹문의통고』,『경례의의』,『심경석의』,『찬정소학언해』,『주문초선』,『사계선생행장』,『계녀서』등이 있다.

송자대전

우암 문집은 1717년(숙종 43)에 왕명으로 고서관에서 처음으로 편집하고 167권을 철활자로 간행하여 『우암집』이라고 했다. 1787년(정조 11) 정조의 어명으로 다시 빠진 글들을 수집, 보완하여 평양감영에서 목판으로 215권 102책을 출간하고 『송자대전』이라고 명명했다.

그 뒤 9대손 병선·병기 등이 『송서습유』 9권, 『속습유』 1권을 간행했다. 이 책들을 1971년 사문학회에서 합본으로 영인하여 『송자대전』 7책으로 간행했다. 민족문화추진회가 1981년부터 문집 가운데 중요한 부분을 발췌한 한글 번역본을 14책으로 출간했다.

양현전심록

정조는 주자와 송자의 글을 모아 「양현전심록」을 출판하고, 그의 서문을 써서 유학의 전통이 공자 - 주자 - 송자로 이어졌다고 강조했다. 정조는 다음과 같이 우암 선생을 '조선의 주자'로 규정했다.

> 우리 조선에 우암 송 선생이 나타나자 인륜이 밝아지고 천리가 확고히 섰으니, 그가 지킨 것은 주자의 대의이고, 그가 가르친 것은 주자의 대도 大道이다.
> 주자가 떠나간 후에 다시 주자가 태어난 셈이니,
> 훤히 빛나는 저 물 속의 달도 바로 하늘에 떠있는 달과 동일한 빛이다.

세손 시절 정조는 우암 선생을 공부하면서 주자서에 접근했고, 주자와 송자의 글이 흡사한 것은 두 사람의 심법이 같기 때문이라고 이해했다.

4) 친명 배청의 의리와 세계 정의

친명배청의 의리

우암은 일생동안 절의를 숭상하여 동주東周를 높이고, 대의를 어기는 행위에 대하여 징계를 엄중히 하여 윤리와 기강을 세우는 사업에 집중하였으며, 그 구체적인 세도는 친명배청의 의리였다.

우암은 효종과 함께 도모했던 북벌은 인간의 대륜이자 대법이며 정도이므로, 비록 '사다리를 타고 하늘에 오르고 다시 땅에 내려오는 일[梯天反地]'과 같이 극히 어렵고도 위험한 일이나, 창을 메고 새벽밥을 짓는 병사의 일원이 되어 중국의 모래벌판에서 뼈가 부서지더라도 진실로 무한한 영광이라고 했다. 이러한 '친명배청'의 의리는 존주와 명분사상에 입각한 대일통사상과 존화양이론에 기초해 있다. 우암은 공자의 『춘추』와 주자의 『강목』에 담긴 핵심을 왕도에 입각한 대일통 세계로 이해했다.

대의명분을 바르게 한다는 것은 인륜질서 가운데 군신과 부자의 명을 바르게 한다는 것으로, 개인에게 있어서 부자의 인자함과 군신의 의리라는 인륜이 있듯이, 나라에 있어서도 군신의 윤리가 있다는 것을 밝히는 것이다. 우암은 삼강오상이란 사람이 사람인 소이이며, 나라가 나라인 소이라고 했다 그 가운데에 '인은 부자보다 더 큰 것이 없고, 의는 군신보다 더 큰 것이 없다'는 것이 가장 크고 간절한 것이고, 군신 가운데 막대한 은혜를 받은 일은 조선이 명나라에서 받은 것과 같은 경우가 없다고 했다.

조선과 명은 군신의 명분관계이며, 명은 임난때 국가 재조의 은혜를 베풀었으니 조선 또한 마땅히 명에 대한 군신의 의리를 지켜야 한다는 것이다.

존왕양이의 정신

대일통사상은 예의로 문명질서를 유지한다는 '존왕양이' 정신에 입각해야 하는 것이다. 이 때의 '왕'이란 왕도를 행하는 덕자를 말하며, '이'란 왕도를 거스르는 도적이라는 의미이다.

화이론으로 말하면, 화華는 곧 인의와 왕도를 행하는 문명권이라는 의미이고, 이夷는 이러한 문화가 결여되었거나 역행하는 야만권이라는 의미이다. 자국 백성의 삶은 물론이며 국제평화를 위한 문화권인가, 그렇지 못한 야만권인가의 차이가 화이 구분의 기준이 되며, 이러한 가치관에 따라 명과 청에 대한 대응자세가 결정되었던 것이다. 따라서 대국이란 단지 힘이 강한 패도국가를 의미하는 것이 아니라, 왕도를 행하고 국제 간의 호혜와 공영의 인도주의를 행하는 국가를 의미한다.

우암은 자신이 처한 17세기의 위기 상황을 단순히 국가의 위기에 그치는 것으로 인식하지 않았고, 인의의 왕도가 무너지고 무력에 의한 패도가 세계를 지배하는 난세라고 인식했다. 국란 극복의 길은, 세상은 쇠하고 도는 혼미해지는 난세에 대한 우려와 인류문화 수호의 차원과 별개의 일이 아니었다.

우암의 '존명배청' 의리는 인도주의와 국제신뢰에 의한 대일통 세계를 회복하여, 왕도에 입각한 내성외왕 존왕양이의 도로써 국제 정의의 평화를 이루어야 한다는 것이었다. 따라서 조선은 당장의 생존을 위해 인도를 버리고 '야만의 힘'에 굴복해서는 안되며, 인도를 밝히고 준행해 나아가 인도를 저버린 야만과 이단을 물리치는 일을 통하여 국가재건의 활로를 찾아야 한다고 여겼다.

5) 문화 의식과 민족의 정체성

문화민족의 자긍심

존왕사상이나 존주사상이란 주나라의 문화를 찬양하고 따른다는 의미이다. 우암은 이러한 인의의 화이관에 입각하여, 문명과 야만의 구별은 지역적 구별이 아니므로, 우리가 문화민족이라는 긍지를 지니고 있었다. 문화의식에 의한 민족 주체의식은 다음이 말에서 강력히 표현되고 있다.

> 중원인은 우리 동인을 가리켜 동이라 하니, 명칭이 비록 상쾌하지 않으나, 역시 작흥이 어떠하냐에 있을 뿐이다. 그러므로 맹자가 말하기를 순은 동이인이라고 하고 문왕은 서이인이라 하였으나 진실로 성인 현인이 되었으니, 우리 동국이 추로鄒魯가 되지 아니한 것은 근심할 것이 아니다. 옛날에 칠민 땅이 실상은 남쪽 오랑캐의 구역이었으나 주자가 이 땅에서 일어난 뒤에는 중화 예악 문물의 땅이 되어 도리어 존중하게 되었다. 그러므로 오랑캐의 땅이 지금은 중화가 되었으니 오직 변화에 있을 뿐이다.

우암은 중화문화가 결코 중국 한족의 전유물이 아니며, 교화를 통해 어떤 민족도 그 문화를 소유할 수 있다고 말했다. 주자도 야만 지역에서 도를 일으켜 문명을 성대하게 하였으니, 그 지역에 따라 인성을 평가해서는 안된다고 했다. 더욱이 중국은 육왕학을 위주로 삼지만, 우리나라만이 주자학을 위주로 하니, 주의 예악문물이 노나라에 있는 것과 같다는 자부심을 지니고 있었다.

세도를 회복하는 사업들

우암은 소극적인 소중화의식에 머물러 있지 않았다. 천하에 왕도가 행해지지 않을 때에는 조선이 그 도를 스스로의 책임으로 삼고 행하면 중화의 주체가 될 수 있다는 신념을 가지고 있었다. 우암은 조선이 존왕양이라는 대륜과 대의를 국시로 삼아 세세불변의 인도를 준행하는 국가를 만들기 위해 많은 노력을 기울였다. 이러한 사업 가운데 대표적인 것은 다음과 같다.

숭정 연호를 고수하다

조선은 개국 초부터 대일통정신에 따라 명의 년호를 사용했다. 그러나 1636년 청에게 항복하고 군신 관계를 강요당했다. 그 후 명은 망하고 청이 중원을 차지하였지만, 북벌의 의지를 지닌 효종의 묵인 하에 조선은 계속하여 명나라의 마지막 연호인 숭정 연호를 사용했다.

그런데 효종이 사림을 등용하여 불벌을 꾀한다는 사실과 장릉(인조비 인렬왕후의 릉)의 지문에 청의 연호를 쓰지 않은 사실이 청나라에 알려지자, 청은 사신을 파견하여 진상을 조사 문책했다. 이에 효종이 직접 청 사신에게 사죄하고 막대한 벌금을 무는 등 곤욕을 치렀다. 장릉의 지문을 작성한 우암은 이로 인하여 낙향하여 일체의 관직을 사양하고 은거했다.

당시에 우암을 비롯한 사람들이 숭정 연호를 계속하여 사용한 의의는 두 가지 의미가 있다. 첫째는 존주정신을 지속하고 이로써 나라의 주체성을 확립한다는 것이며, 둘째는 존주정신을 무시한 청의 침략과 전횡을 비판하고 항거한다는 뜻이다. 우암은 명의 연호를 계속하여 사용하여 국가의 주체성과 자주 의식을 견지하여, 나아가 패도에 대한 비판과 항거의지를 담았다.

절의 인물을 모두 찾아내어 추숭하다.

우암은 신분의 고하를 막론하고 대의에 순절한 인물들을 기리는 일에 엄청난 열성을 보였다. 우암은 정몽주의 신도비와 조광조, 박팽년, 성삼문의 유허비를 지었고, 임진왜란 때의 순절을 기리기 위해 조헌의 행장, 이순의 묘비,

송상현의 신도비명, 신립의 묘갈명, 권율의 묘표음기를 지었다.

호란 때 순절한 이들을 기리고자 김상헌의 묘지명, 윤집과 홍익한의 묘갈명을 지었다. 또한 호란 때 절의를 세운 강효원을 찬양하고, 청에 징병되었으나 명군과 싸우지 않다가 살해된 포수 이사룡, 그리고 임경업 등의 전과 「삼학사전」을 기술했다.

「삼학사전」은 호란 후 청에 잡혀가 절의를 굽히지 않고 처형당한 홍익한, 윤집, 오달제의 전이다. 이들은 언관으로서 끝까지 척화를 반대했다. 우암은 홍익한의 전에서 그가 청에서 고문을 받으면서도, "내가 굳게 지키는 바는 단지 대의일 뿐이다. 성패와 존망은 논하지 않는다. 만약 우리나라의 신민이 나의 뜻과 하나가 된다면 너희 나라가 망하는 것은 시간문제일 것이다."라고 말했다고 기록했다.

이러한 기술 외에도 호란 때 강화도에서 순절한 홍명형, 김수남을 정려하기를 청하였고, 이사룡의 자손을 구휼하고 등용하기를 청했다. 또한 정몽주의 후손과 엄홍도의 후손을 등용하게 하고, 김응하의 후손에게는 오랑캐에 바치는 공물을 내지 않도록 청했다.

효종묘를 세실로 만들다

우암은 숙종 9년에 율곡과 우계 두 분의 양현종사를 실현한 지 2개월 후 숙종 9년 2월에 상소를 올려 효묘孝廟를 높이어 백세불천의 세실로 정할 것을 요청했다. 세실을 정한다는 것은 태조나 세종과 같이 공덕이 특출한 왕에게 종묘에서 영세불천하는 것을 말한다. 효종의 업적은 인의의 도로서 천리를 밝히고 인심을 바로 잡아 오륜을 돈독히 하여 춘추대의를 청천백일 같이 밝혔기 때문이라고 했다.

태조 휘호 추가를 청하다.

우암은 숙종 9년에 효종의 세실이 확정되자, 한달만에 종묘제도의 개정과 태조의 휘호를 더 올릴 것을 건의했다. 우암은 태조의 위화도 회군을 명을 높인 대의를 밝힌 일이라고 규정하고, 기존의 태조 휘호에다가 의를 밝히고 인륜을 바르게 했다는 '소의정륜昭義正倫' 네 자를 더하여 추가로 올릴 것을 주장했다. 우암은 위화도 회군은 춘추의 대의이므로 이를 밝히지 않을 수 없다고 주장했다.

만동묘 건립을 명하다.

우암은 숙종 13년에 상소하여 명의 신종이 임진왜란 때에 우리나라를 구해준 은덕을 찬양하고, 이어 선황들이 존주대의에 따른 지업을 언급하여 대의를 밝혔다. 또한 사사되기 직전 권상하에게 화양동에 사당을 세워, 명의 신종·의종 두 왕을 제사하라고 당부했다. 우암의 유지를 받은 권상하는 숙종 30년(1704) 괴산의 화양동에 사당을 세우고 만동묘라고 하였으며, 조정에서는 이를 묵인했다. 만동묘는 숙종 36년(1710) 우암을 제사하는 화양서원과 합치게 되어 존주대의의 본산이 되었다. 권상하는 나아가 국가적으로 향사할 것을 건의하기도 하였으나, 청의 개입을 꺼려 실현하지는 못하고 대보단을 세우는 것으로 일단락 했다.

6) 도통수립과 정통의식

문묘를 바로잡다.

우암은 대의와 대절을 중시하고 세도를 바로 잡기 위해 문묘종사를 바로 잡고자 했다. 우암은 경신환국 후, 문묘제전을 바로 잡는 데에 힘썼다. 문묘종사란 성문의 공을 보답하고, 후학자가 나아갈 방향을 보여 주는 의미가 있다. 조선후기의 사림들은 조선 학문의 방향을 정하였으며 우암은 그러한 문묘개정의 주도자였다.

조선의 문묘제도는 성리학을 절대화하고, 절의와 의리실천을 강조했다. 이에 따라 문묘제전을 본격적으로 개정했다. 우암은 원에 출사하여 절의를 저버린 허형을 내치고, 현종 4년(1663) 이동의 종사를 건의하는 등 주자 학통을 이은 학자들을 대거 문묘에 종사하고, 한편으로는 문묘에 종사하던 학자들 가운데 배신 변절 패륜 이단 등 의리에 혐의가 있는 자들을 출향했다.

숙종 8년, 오현의 문묘종사가 결정되었는데, 이 때 우암의 주장으로 황간을 종사하고, 왕필·두예·하휴·오징 등 중국 학자 9인을 제외시켰다. 우암은 오현의 종사가 결정되자 곧바로 김장생의 문묘종사를 요청하기도 했다 . 우암이 하고자 한 문묘승향은 순정한 주자학자들을 높이고, 율곡과 우계와 사계를 제향하며, 의리 실천을 중시한 한국 도통론의 전통을 계승한 것이었다.

사문난적을 물리쳐라

우암은 순정한 학문을 수립하여 이단 사설을 엄별하고 통박하는 것이 곧 명천리 정인심을 행하는 사업이라고 생각했다. 우암은 그러한 일은 자신의 책무로 여겼고, 주자의 경학을 벗어난 윤휴(1617~1680)의 경학을 사문난적이라고 지탄하고, 윤휴를 옹호하는 윤선거에게도 윤휴와 절교할 것을 요구했다. 사문난적이란 공자와 주자의 학문을 어지럽히는 도적이라는 뜻이다.

그것은 표면상으로는 주자학으로서 정학과 이단을 가르는 표준을 삼은 것이었지만, 근본적으로는 덕성을 높이고 학문을 병행하여 성인의 심법을 달성하게 하고, 인륜을 밝혀 사람들로 하여금 자발적으로 인륜공동체에 참여하게 하는 학술인가가 관건이다. 자기가 가장 사랑하던 제자였던 윤증과의 이른바 회니시비 논쟁도 이 문제로 충돌한 사건이었으며, 윤증과의 불화는 노소론이 분열하게 된 중대한 원인이 되기도 했다.

문제

1. 〈우암이 자임하고자 한 세도는 '천리를 밝히고[明天理], 인심을 바르게 하고[正人心], 이단을 물리치고[闢異端], 바른 학문을 세운다[扶正學]'는 것이었다.〉 이를 현대에 맞게 정리하세요.

2. 우암 선생이 주자를 존숭(尊崇)하고 배우려고 한 이유는 무엇인가? 예를 들어 서술하세요.

3. 〈중원인은 우리 동인을 가리켜 동이東夷라 하니〉, 〈맹자가 말하기를 순은 동이인이라고 하고, 문왕은 서이인이라 하였으나 진실로 성인 현인〉이 되었다고 한 말에 대하여 뜻을 정확하게 정리하고, 자신의 생각과 느낌을 서술하세요.

4. 〈절의節義 인물을 모두 찾아내어 추승〉한 우암의 정신을 상세하게 정리하세요.

5. 백성을 위하는 나라

1) 국가 재건의 방도

민생의 파탄

양란 이후에는 농토가 황폐해져서 경작지가 줄어들었고, 양안이 없어져서 은결이 늘어나 국가에서 수세할 농경지가 형편없이 줄었다. 이로 인하여 국가의 조세 수입이 현격히 감소하였고, 이것을 보충하는 문제가 제기되어 대동법을 논의하게 되었다.

한편, 당시의 민생 문제는 대단히 심각한 상황에 빠져 있었다. 양란의 참화를 회복하지도 못하고 효종의 북벌 정책으로 인한 역사와 거듭되는 가뭄으로 인한 식량난에 시달렸다. 더욱이 백성에게는 무거운 공물과 군역이 가혹하게 부과되어 정상적인 생계를 거의 꾸려나갈 수 없었다. 그러나 이러한 상황 속에서도 왕실과 권문세가를 비롯한 국가의 기득권층은 토지를 확대하고 각종 이권을 장악하여 부를 축적하면서도 일체의 조세와 군역에서 면제되었으며, 낭비와 사치가 만연했다. 방만하게 관리되는 국가 재정과 상부 계층의 사치와 낭비는 오로지 백성에게 부과하는 악순환이 더욱 심해졌다. 이러한 상황 속에서 17세기의 시대 상황은 국내외의 시련에 따른 국가 존망의 위기 상황이었다.

국가 재건의 길

따라서 당시의 역사적 과제를 국가의 기강을 바로 잡아 기득권층의 안일과 무책임을 타파하고 국가의 폐습을 일소하여 국가기강과 민생안정을 꾀하는 한편, 호란 때에 유린당한 민족의 자주정신을 확립하고 국권을 회복하여 새로운 민족 중흥의 토대를 마련하는 것이었다. 그러나 그 문제는 간단히 해결될 문제가 아니라, 청의 위협과 경제적 곤핍 속에서 국권 회복과 국가 이익이라는 양자를 달성하는 국가재건이어야 했다.

2) 어진 임금, 바른 정치

도학과 정치

　우암은 당대의 국가 위기를 극복하고 궁극적으로는 인간이 서로 아끼고 사랑하는 도덕사회를 이루고자 했다. 그러기 위해서는 개인이 인욕의 삿됨을 극복하고 성명의 바름을 회복하여 천리로 인욕을 통제해야 한다고 보았다. 국제사회에 있어서는 인의의 문화권인 중화가 인의와 인륜을 배반하는 야만적인 이적을 통제해야 하며, 국가 사회 내에서도 도덕적으로 뛰어난 자가 그렇지 못한 자를 다스리고 교화해야 한다고 보았다. 그러나 유가 정치사상에서 문제 삼는 바는 현실 세계가 언제나 도를 계승하는 도통(성통)과 정치권을 계승하는 왕통이 분리되었다는 점이다. 우암은 도통이 단절되고 왕통과 분리된 현실을 개탄했다.

> 하은주 삼대 이후에는 습속이 비루하여 도학은 비현실적이어서 시행하는 데에 적절하지 않다고 여기고, 정권을 유지하는 방법은 오로지 권모와 지략과 무력뿐이므로, 이에 도학과 정사가 분리하여 두 갈래의 길로 나뉘어져 도학은 쓸모없는 물건이 되었으니 통탄스럽다.

　따라서 우암은 도학과 정사가 분리되는 것을 반대하고, 군주로 하여금 성학에 힘을 기울여 수기하고 정사에 임하여 동방의 요순과 같은 어진 임금이 되기를 촉구했다.

인륜과 기강

　우암은 삼강·오륜을 근간으로 정치·사회에 예를 현실적으로 구현하려고 했다. 특히 오륜 가운데에 부자의 친함과 군신의 의리가 가장 중요한 것인데, 이것을 대륜大倫 대법大法·춘추대의·대의명문이라고 하여 중시했다. 인륜은 인간 개개인의 도덕률일 뿐만 아니라, 사회 국가의 통치 질서의 원리이다. 인륜의 기본논리는 부자·군신·부부 등의 제 역할을 다하여야 한다는 것이다.

우암은 인간이 천지와 더불어 삼재가 되는 것은 인의를 지니기 때문이고, 그 가운데에 가장 중요한 것은 부자의 어짊[仁]과 군신의 바름[義]이라고 하였으며, 군신 부자가 각기 그 역할에 충실하는 것이 성인이 제도라고 했다.

우암은 고금의 망신하고 폐가하고 천하를 잃은 자는 예의가 먼저 망했다고 하였으며, 예는 천리에 근본하고 기강은 인도의 큰 단서라고 하여, 천리 – 인도 – 예 – 기강을 일련의 관계로 이해했다. 따라서 우암은 국가의 기강을 바로 세워야 함을 역설했다. 기강이란 어질고 어질지 못한 이를 분별하여 상하의 분별을 정하고, 공과 죄를 밝혀서 상벌의 시행을 공정히 하는 것이다. 기강은 국가의 명맥으로서, 기강이 잘 다스려지면 모든 일이 다스려지고 기강이 문란하면 모든 제도가 모두 허물어진다. 그러므로 훌륭한 정치인은 먼저 기강의 치란을 살펴야 한다고 주장했다.

군자를 높이고 소인을 물리쳐라

17세기 후반의 정국은 환국이 수차례 거듭되었다. 우암은 다음과 같이 철저히 군자 소인의 논리로서 당파를 없애야 한다고 주장했다.

조정의 붕당을 없애려면 군신 상하가 모두 공정해서 사사로운 쪽으로 치우치지 않아야 한다. 임금을 모시는 사람들이 모두 올바르면 조정에 저절로 붕당이 없어진다. 이것은 일조일석의 노력으로 되는 일이 아니다. 오랜 기간을 두고 민간의 선비들이 품고 있는 당파란 선입감을 없애 버려야 한다.

당파를 없애려면 임금이 지극히 공정하여 한 쪽으로 치우치는 사사로움에 얽매이지 않아야 한다. 벼슬하는 자들도 마땅히 지극히 공정하여 성실하고 신뢰를 쌓은 뒤에 바른 것을 붙들고 사악함을 눌러야 한다. 만약 시비와 사정邪正을 분별하지 않고 오직 조절하여 화해시키는 것만 힘쓴다면 일을 이룰 수 없을 것이다.

도심을 이루기 위해 천리를 보존하고 인욕을 제거해야 하듯이, 세도를 행하는 조정을 만들기 위해서는 군자를 보존하고 소인을 제거하여 어진 임금과 어진 재상이 정치를 담당하여야 한다는 것이다. 이와 같이 우암의 정치사상은 정명론에 입각하여 기강을 바로 세우고, 군주 이하 국가의 구성원이 모두 사심을 버리고 공정심을 행할 때 바른 정치가 행해진다는 것이다.

절약과 개혁

우암은 검소와 절약으로써 국가의 경제적 위기에 대처해야 한다고 주장했다. 군주는 자기 자식을 보듯이 백성을 보고, 백성의 부모로서 백성을 어린아이와 같이 보호하여야 하며, 제왕의 정치가 항상 임무로 삼아야 할 것은 국가를 보호하고 백성을 편안하게 하고 보호하는 일보다 먼저 할 것이 없다고 했다.

그러므로 군주와 왕실이 솔선하여 절검의 미덕을 수행하여, 민심을 수습하고 재물을 아껴서 백성의 고통을 점차로 구제해야 한다는 것이었다.

북벌에 앞선 민생안정

우암은 북벌이 당연한 일로서 언젠가는 반드시 행해야 할 일이라고 보았지만, 먼저 민생 안정을 선행해야 한다고 보았다. 복수설치의 불벌론이 치열한 상황 속에서도, 우암의 양병책은 양민책과의 균형을 도모했다. 오히려 불벌의 실제적인 의지가 의심될 만큼 시종일관 양민을 양병보다 우선시했다. 현종 때 이후 중국의 정세가 안정되어 북벌 실현의 가능성이 희박해진 이후는 물론이거니와, 북벌을 강력히 추진하였던 효종대에도 우암은 군비확대보다 양민 우선을 적극 주장했다.

효종과 북벌의 의지를 함께 하는 계기가 되었던 「기축봉사」에서 우암은 병사를 훈련하고 장수를 고르고 군량을 비축하고 군율을 엄하게 하는 것이 군비정책의 급무라고 하였으며, 북한산성 수축, 기병 육성, 서북연안의 성지수축, 숙위군과 친위대(자제위)의 운영(왕궁수비 강화) 등에 적극 동조했다. 그것은 농민에 새로운 부담을 주지 않는 방법을 통해서 이루어져야 할 것이었다. 이에 따라 언제나 주장하는 바는 군역을 균등히 하여 지배층의 군역 분담과 서리와 지방 세력가들의 중간 농간 금지였으며, 담세자 증가 방안으로서 보오법·호패법 등을 시행할 것에 동의했다.

대동법 시행

당시의 경제정책에 있어서 새롭게 부각된 문제는 정전제에 의한 전면적인 토지개혁이었다. 우암은 우리나라가 산이 많고 험한 곳이지만 땅을 잘 헤아려 8가구에게 균평하게 나누어 합작하게 하면 시행하지 못할 것은 없다고 하여 정전제에 원칙적으로 동의했다. 그러나 현실적으로 땅은 적고 인구는 많기 때문에 당장은 시행하기 어렵다고 보았다.

우암은 당시의 여건을 고려하여 토지 제도개혁 대신 조세제도에 관심을 기울여 당시의 대동법에 적극 동조했다. 우암은 효종 즉위년에 스승 김집이 대동법에 반대하자 이에 동조한 적이 있다. 그러나 후에 대동법 논의가 다시 일어나자(현종 15년), 아전 향소배 양호 등의 농간으로부터 농민을 보호할 수 있는 효과적인 방법이라고 주장하면서 시행을 적극 주장했다. 향소배는 지방 수령의 자문 기관이며 민정을 대표하는 지방 자치기관이었던 유향소의 직원인 향정·좌수·별감 등이며, 양호는 백성들에게 세를 거두는 자들로서, 그 거두는 법도가 없어서 서민들이 몹시 괴로웠으나 호소할 곳이 없었다. 대동법이 새긴 이후 서민들이 각자 바쳐야 할 쌀과 포의 수량을 알게 되어 농간을 많이 부리지 못하게 되었다.

이와 같이, 우암의 사업은 존왕양이를 제일의 의리로 삼았으면서도, 반드시 민생 안정을 근본으로 삼았다. 백성들에게는 일정한 생활기반을 보장하고 국가 사회의 지도층에게는 절용과 기강을 강조하여 온 국민이 뜻을 하나로 통일하고 나라를 부강하게 하자는 것이었다. 이러한 내수가 완비되어야 비로소 온 민족이 합심하여 외양의 사업 또한 가능할 수 있는 것이었다.

3) '손상익하損上益下'의 개혁

양반도 세금을 내라

사회 불평등이나 강제력이 아닌 상호 존중과 신뢰를 통해 인정을 이룬다는 공자의 정신은 우암 사상의 중요한 바탕이었다. 생명을 사랑하는 호생好生의 덕이 민심에 흠뻑 배게 하는 도학정치를 어떻게 펼칠 것인가? 우암은 그 방책으로 당시 사림들의 주요 관심사였던 향약이나 사창법 등을 적극적으로 시행하려고 노력했다. 또한 백성의 생활을 위협하는 각종 악습과 악제에 대하여 많은 것을 덜어 적은 것을 보태는 '손상익하損上益下'의 개혁론을 적극 주장했다. 우암은 민생을 해치는 모든 요인들을 단호하게 척결하고자 했다.

우암이 당시에 크게 우려한 바는 지배층의 기득권 집착과 사치 풍조, 그리고 부세 부과에 있어서의 불균등이었다. 우암은 민심의 고통과 원한은 부역이 많기 때문이며 부역이 많은 이유는 쓰임새에 절제가 없기 때문이라고 지적했다. 우암은 당시의 사치를 지적하여, 가난한 자 열 사람이 먹을 것이라도 한 상의 찬을 차리기에 부족하고, 추운 자 백 사람이 입을 옷도 한 사람의 옷을 만들기에 부족하다고 했다. 지나친 혼수 등 생활 전반의 사치에 대한 지적은 모든 부유층을 비판하는 것이다.

우암은 사회신분 문제에, 양반의 위상을 인정하였지만 그 특권은 제한해야 한다고 보았다. 우선 양민에게만 지웠던 군역 부담을 줄이고 양반에게도 군포를 부과하는 호포제 실시를 주장하면서 다음과 같이 지도층도 백성들의 고통을 분담하여야 한다고 주장했다.

> 오늘날 선비라 칭하면서 부역이 없는 것은 실로 국가에 다스림이 없는 까닭이다. 밭이 있으면 조세가 있고 몸이 있으면 용역이 있는 것은 사리의 당연함이니 선비에게 징포함이 어찌 당연한 일이 아닌가.

임금과 왕실의 재산권 제한

우암은 특히 왕실과 궁가를 집중적으로 비판하고 개혁을 촉구했다. 그 최종적인 책임이 군주에게 있음을 강조하여 우선 임금의 사금고인 내수사內需司를 혁파하여 임금이 마음대로 쓰는 내탕금을 없애고 호조에 소속시키기를 요청했다.

한편, 당시 왕가의 이권 확대는 국가 전반적으로 이루어졌으며, 가장 큰 민원의 대상이 된 것은 여러 가지 형태의 토지 소유였다. 우암은 당시에 광범위하게 이루어지고 있었던 왕실과 왕가의 각종 이권개입을 금지하고자 했다. 이러한 행위는 백성의 삶을 해치고 백성으로 하여금 왕과 왕실에 대한 반감을 불러 일으켜 민심 이반을 초래하는 것이었다. 그 구체적인 대책으로 궁실과 관청이 가진 둔전을 혁파하고, 제궁가의 땅이나 수입 및 법제를 초과한 공주의 저택을 법령에 따라 철거하며, 직전법을 준행하여 횡탈과 겸병의 폐습을 억제할 것이며, 왕가의 절용과 농간 방지를 촉구했다.

우암은 궁실의 토지확대와 수리시설 독점으로 생긴 백성들의 민원을 해결하기 위해 상소문을 수차례 올리기도 했다.

공안 개정

우암은 백성들이 무거운 부세의 부담을 덜어주도록 노력했다. 부세는 백성 수와 전결에 의해 부과되는데, 인구는 많아지나, 군사 수는 증가하지 않고, 전야 개간은 늘어났지만 세는 점점 감소한다고 지적하고, 백성 수와 전답의 수량을 반드시 파악해야 한다고 주장했다. 경제 발전의 혜택이 백성의 부세 감소로 이어지는 것이 아니라, 지방 관리의 무능과 아전들의 농간에 의해 수탈당하고 있었으므로, 국가에서 백성 수와 토지를 확실히 파악해야 백성으로서는 부세 부담이 줄고 나라의 재정은 확충될 수 있었다.

따라서 우암은 공안貢案을 개정하여 지방 관리와 아전들의 농간을 방지하고, 공물과 군포의 양을 일정하게 규정할 것을 요청했다. 우암은 양반에게 포를 거두어 양민의 고통을 덜어 줄 것이며, 포는 오승포 35척을 1필로 삼고 승척을 점차 올리는 것을 조사하여 처벌하며, 공물 값을 지나치게 올리는 폐단을 제거하고, 대동법 시행으로 각 읍에 남는 양곡을 백성들에게 다시 나누어 주고, 그 여분으로 세금을 적게 거두며, 재난이나 흉년을 만나면 백성들의 세금을 경감하여 백성들의 기근을 구제하는 것을 급선무로 삼아야 한다고 건의했다.

군역개정

우암은 당시 농민들에게는 조세보다 군역이 더 막중한 부담을 주고 있다고 지적했다. 우암은 임금이 요역을 경감하여 민원을 진정시켜야 하며, 지방관

들이 조정의 명령에 따라 굶주린 백성을 두들겨서 부세를 강제 징수하면 안 된다고 지적했다. 우암은 당시 백성의 과중한 부세와 군역 부과의 불균등성을 다음과 같이 말했다.

> 국가의 재력이 쓸데없는 곳에 허비되는 것이 너무 많다. 달력을 만드는 종이값으로 쓰이는 쌀이 1천석에 이르고, 세시에 문에 붙이는 채화를 만드는 종이값으로 쓰이는 쌀이 10여석에 이른다. 이와 같이 쓸데없는 비용이 매우 많은데 군인이나 백성들은 옷이 없어 벌거벗은 채로 한해가 다 가도록 고생을 하면서, 애써 얻어진 몇 자의 무명을 모조리 관가에 바친다. 그러고도 이웃과 종족에게 참징하는 일과 백골에 징포하는 일까지 있고 또 한집에 아들 5~6명이나 3~4명이 되어도 모두 징포하여 바치게 한다. 그러나 양반 가문의 서얼들은 일없이 한가로이 놀면서 일생동안 털끝만큼의 비용을 내는 예가 없다. 우리 가문의 서얼을 말하더라도 튼튼한 장정이 수십 명이다. 만약 나라에 일이 있게 된다면 이러한 일들을 개혁하지 않고서야 어떻게 나라 일을 할 수 있겠느냐. 그래서 백성에게 부역을 균등히 하기 위하여 한가히 노는 무리들에게 부역을 부가하면 모두들 원망하면서 서로 뜬소문을 퍼뜨리므로 마침내 개혁하지 못하고 말게 되니 어떻게 하면 좋겠는가.

지도층의 비리를 막아라

우암은 관청 노비와 군역을 진 한 집에서 내는 베가 혹은 10여필에 이르는데도 양반들은 일전도 내지 않을 뿐 아니라, 도리어 양민의 재물을 소모하고 있다고 지적하면서, 양반도 똑같이 1필의 베를 내어야 옳다고 주장하고, 당시에 당파와 학맥을 초월하여 거국적으로 거론되고 있었던 호포법에 적극 동조했다. 또한 군역 가운데 수군의 폐단이 가장 심하였는데, 우암은 그 실상을 다음과 같이 말했다.

수군이 가장 양민에게 원망이 골수에 사무치는 군역인데, (……) 이것을 빨리 변통 조처하여 산에 위치한 군에 있는 자는 일체 옮겨 육군을 만들고 수군은 해변에 사는 백성으로만 개정하여 평시에는 둔전과 고기 잡는 일을 생업으로 하게하고 급할 때는 그들로 하여금 배를 부리게 하고 적을 방어하게 하여야 한다.(……) 지금 논의하는 자들이 모두 산에 위치한 군에 있는 자의 수군을 갑자기 없앨 수 없다고 하는 것은 대개 수군 장수가 자기 생계를 영위하는 바탕으로 삼은 것이니 모두 산에 위치한 군에 사는 수군에게서 재물을 긁어내기 위해서이다. 그 수군 장수 역시 자기가 원하는 바가 아니지만 끝내 마지못해 하는 것은 어째서인가. 재상이나 높은 관리들의 요구에 응하지 않을 수 없기 때문이다.

내륙인이 수군에 소속되어 있는 불합리한 상황은 지도층의 구조적인 비리로 인해 고쳐지지 않았고, 백성들은 그러한 부조리를 호소할 데 없이 감수해야 했던 것이다. 우암이 당시에 국가의 기강을 바로 잡기 위한 노력은 국가에 전반적으로 스며있는 지도층의 비리를 바로 잡아야 비로소 민생을 구원할 수 있었기 때문이었다.

한편, 우암은 사회의 불평등한 신분제도를 개정하려고 했다. 당시의 양반과 천민의 차별·적서의 차별·처첩의 차별·상전과 노비의 차별 등 불평등한 신분제도는 모든 사회 구성원에게 기회의 공평성을 박탈하고, 나아가서는 모두 하나라는 공동체 의식을 해치는 것이었다. 이러한 불평등한 신분 제도는 당연히 재검토되고 부정되어야 할 것이었다.

적서차별을 타파하라

우암은 잘못된 사회제도를 고쳐 공평정대한 도를 구현하려고 했다. 사회의 불평등한 악습 가운데 특히 서얼의 출사 금지를 해제하고 사노비의 해방을 주장했다.

『경국대전』에 "서얼은 문과·무과·생원·진사시를 불허한다."고 하여 적서차별을 규정했다. 이러한 제도가 유교의 적서 차별 명분의 윤리기반이 되어 정론으로 계속 논의되었고 적서차대론으로 발전된 것이다. 우암은 서얼의 벼슬길을 제한하는 것은 잘못이라고 상소했다.

> 서얼을 제한하는 제도는 국초에 정해진 제도가 아닙니다. 국초에 정도전은 그 어미가 노비였는데도 대제학을 하였으니, 서얼 제도는 중간에 생긴 듯 합니다. 맹자가 '현자를 등용하되 가문과 출신지를 따지지 않았다.'고 하였는데, 더구나 인재가 적어 항상 부족됨이 걱정되는 이때에, 서얼 중에 쓸만한 자가 있다면 내버려 두기가 아깝습니다.

또 서북지방(평안도·함경도) 인재의 등용과 서얼의 허통을 주장하고, 양반 부녀자들의 개가도 허용해야 한다고 주장했다.

사노비를 양민으로

우암은 노비종모법을 주장하여 양반의 노비 증식을 억제하고 되도록 양민이 노비가 되는 것을 막고자 했다. 우암은 부모 가운데 한 사람이라도 사노비에 해당하면 모두 천속시키는 것에 대해 다음과 같이 반대했다.

> 양민 여자가 출산한 아이는 그 아비를 따라 사노비로 만들고 양만 남자가 출산한 아이는 그 어미에 따라 역시 사노비로 만드니, 이는 실로 잘못이 심한 법입니다. 앞서 선정 이이가 이 문제를 극언하여 변통하기를 청하였으나 시정되지 않았습니다. 그러므로 신이 그 변통을 시험해 볼 것을 청하여 다행히 윤허받았으므로 그 균평공정한 도에 만분의 일이나마 도움이 있기를 바랐고, 양만 수효가 이로부터 늘어날 것으로 여겼습니다.

그러나 서얼 출사 문제는 적서차별을 무너트린다는 반대에 부딪치고, 사노비 속량 문제는 노비 수가 줄어드는 불이익을 우려한 사대부들이 신분제를 무너트린다고 매도하여 시행되지 못했다.

　사회의 각종 제도를 상황에 따라 개혁하려는 우암의 주장은 비록 무산되고 말았지만, 당시 위정자와 기득권층의 사리를 중시하고 공익을 저버리는 안일하고 이기적인 태도를 비판하고 불공평을 제거하려는 공평 정대한 현실대책을 유감없이 보여주었다.

　이러한 일련의 위민 쇄신책은 이이의 변통론과 맥을 같이 한다. 이러한 개혁주장은 신의에 기초한 공동체 의식을 확대하고 조화로운 사회공동체를 이루려고 하는 유학의 이상을 펼친 것이었다.

문제

1. 〈7세기 후반의 정국은 환국이 수차례 거듭되었다. 우암은 다음과 같이 철저히 군자 소인의 논리로서 당파를 없애야 한다고 주장했다.〉 이에 대한 부분을 찾아 정리하고, 현대에 맞게 정리하세요.

2. 〈우암은 검소와 절약으로써 국가의 경제적 위기에 대처해야 한다고 주장했다. 군주는 자기 자식을 보듯이 백성을 보고, 백성의 부모로서 백성을 어린아이와 같이 보호하여야 하며, 제왕의 정치가 항상 임무로 삼아야 할 것은 국가를 보호하고 백성을 편안하게 하고 보호하는 일보다 먼저 할 것이 없다.〉는 우암 선생의 주장을 자신의 생각과 느낌으로 정리하세요.

3. 〈우암은 사회의 불평등한 신분제도를 개정하려고 했다. 당시의 양반과 천민의 차별·적서의 차별·처첩의 차별·상전과 노비의 차별 등 불평등한 신분제도는 모든 사회 구성원에게 기회의 공평성을 박탈하고, 나아가서는 모두 하나라는 공동체 의식을 해치는 것이었다.〉 우암 선생의 사상과 실천력에 대하여 서술하세요.

4. 〈사회의 각종 제도를 상황에 따라 개혁하려는 우암의 주장은 비록 무산되고 말았지만, 당시 위정자와 기득권층의 사리를 중시하고 공익을 저버리는 안일하고 이기적인 태도를 비판하고 불공평을 제거하려는 공평 정대한 현실대책을 유감없이 보여주었다.〉 이를 현대적 관점에서 서술하세요.

3장 사후의 우암 계승

1. 학문과 사상의 계승

우암의 문인들

기호유학의 학문은 성리학에서 영남유학의 이발설을 공박하고 인물성동이론을 깊이 논의하였으며, 그밖에도 예학, 실학, 양명학, 의리학 등 다양한 학문 양상을 전개했다. 율곡 문하의 대표적인 유학자 가운데 율곡학파의 융성은 김장생부터 이루어졌으며, 김장생 문하에는 우암이 가장 많은 문인을 배출했다. 우암의 문인들은 인물성이론, 예학, 의리학에 중점이 있었다.

우암은 학식이 뛰어나 문하에 많은 인재를 배출했다. 그의 학통을 이어받은 이름난 문인으로는 권상하(수암), 김창협(농암), 임영(창계), 이희조(지촌), 이단하(외재), 김만중(서포), 박광일(손재), 정호(장암) 등이 있다. 윤증(명재)은 윤선거의 묘지명 사건 이후 사제 간의 의리가 끊어졌으며, 수암 권상하·농암 김창협 등이 우암의 학통을 이어 받은 고제로 일컬어진다. 그밖에 그의 문하에서 수시로 공부한 문인들은 수백 명에 이르렀다. 우암의 학맥을 기록해 놓은 「화양연원록」에는 그의 제자가 무려 900여명에 달한다. 김창협 등 그의 제자 가운데는 당상관 이상 벼슬에 오른 이만도 54명이다.

권상하의 학문계승

권상하(1641~1721)는 우암의 학문과 사상을 정통으로 계승한 학자로서, 우암의 제자 가운데에서 가장 많은 문인을 배출했다. 권상하의 문하에서 우암의 학통을 계승한 학자로는 한원진 등 이른바 강문팔학사들이 대표적이며, 이들의 문인들이 조선 후기 기호학파 성리학의 주류를 형성했다 이들은 한원진(남당), 이간(외암), 성만징(추담), 최징후(매봉), 현상벽(관봉), 채지홍(봉암), 윤봉구(병계) 등 호락 논쟁의 주역들이었다. 윤봉구 문하에는 위백규(존재)가 있고, 한원진 문하에는 송능상(운평)이 있으며, 송환기(심재)로 이어졌다. 이들을 통하여 우암의 존주대의 이념이 계승되어 조선 말기의 척사위정론으로 드러나기도 했다.

구한말의 계승

특히 19세기말의 국가 위기 속에서 우암을 사표로 하여 국망國亡과 도망道亡의 상황을 극복하려는 노력이 계속되었다. 평생 주자와 우암을 존숭하고 척사위정을 실천하여 한말 의리학을 대표했던 이항로(화서)와 그 문인 김평중(중암), 최익현(면암), 유중교(성재), 유인석(의암) 등은 위정척사론을 바탕으로 척양·척왜를 역설했다.

이들의 우암 존숭은 절대적인 것이었다. 그들은 우암과의 직접적인 학맥은 연계되지 않았지만, 공자 → 주자 → 송자로 이어지는 의리사상을 정통으로 받아들이고, 척양·척왜의 척사위정 의리론이 우암의 숭명배청 의리론과 같은 맥락에 있는 것임을 자부했다. 이와 같이 우암이 재정비한 정통성리학의 체계와 광범한 문인들의 활약 및 그 정치적인 비중으로 인해 우암의 학문과 사상은 조선 후기의 가장 강력한 학술과 정치이념으로서 작용했다.

2. 문묘와 서원의 배향

문묘배향

우암이 돌아가신 지 5년 뒤(숙종 20, 1694)에 숙종은 우암의 관작을 회복하고 제사를 내렸으며, 다음해에 시호로 문정을 내렸다. 이 해에 화양동에 화양서원을 세우고 다음 해에 도봉서원에 병향했다. 그러나 정변이 일어나 1723년(경종 2)에 도봉서원에서 출향당하고 다음해에는 화양서원을 제외한 모든 우암 사원의 은액을 철거당했다.

영조가 즉위(1725)하자 도봉서원에 도로 우암을 배향하고 모든 우암의 서원에 은액을 도로 걸었다. 1756년(영조 32)에 드디어 문묘에 배향하고, 의정부 영의정에 추증되었다.

문묘 배향의 의의

문묘에는 우암 선생이 애써 계승하고자 한 분들이 모두 모셔져 있다. 멀리는 공자, 맹자로부터 주자 등을 모시고, 한국인으로서는 신라시대의 설총과 최치원으로부터 고려시대의 안향, 정몽주, 그리고 김굉필, 정여창, 김인후, 조광조, 이황 이이, 조헌 등을 모셨으며, 우암 선생도 스승이신 김장생과 김집과 함께 나란히 문묘에 모셔져 있다. 그렇다면 문묘란 무엇이며, 그곳에 배향한다는 뜻은 무엇인가?

조선은 유교를 국가 이념으로 삼고, 국가 차원에서 두 가지 중요한 제사를 지냈다. 종묘(宗廟)와 문묘(文廟)이다. 종묘는 역대 조선 왕들의 위패를 모신 사당이고, 문묘는 공자를 비롯하여 공자 아래로 유교의 중요한 학자들의 위패를 모신 사당이다. 종묘는 조선 역대 왕의 정통성 계승을 상징하며, 문묘는 국가의 이념을 상징했다.

문묘 안에는 공자 및 공자의 여러 제자들, 그리고 훗날 공자의 가르침을 따르고 세상에 그 가르침을 실현하려고 헌신한 인물들을 모시고 있다. 그 목적을 국가 차원에서 유학의 도를 높여서 제왕과 국가의 정치 이념을 정립하고, 어진 덕이 있는 사람을 존중하여 덕치를 행한다는 것이며, 그러한 인재를 양성한다는 뜻이었다.

문묘는 사심을 버리고 백성을 위한 정치를 행한다는 정신을 지향하는 지표로서, 한국이나 중국이나 국가 이념의 바탕이자 정신 교육의 본산이었다.

문묘는 국가에서 가장 높은 학문 교육기관이었던 국학에 설치했다. 조선시대의 국학은 성균관이었다. 국학은 인재를 양성하는 교육기능과 선현을 봉사하는 제사기능 등 두 가지 일을 중요한 기능으로 삼았다.

성균관은 대성전과 명륜당으로 구성되어 있다. 명륜당은 성균관 유생들에게 유학을 강학하던 강당이고, 대성전은 공자를 추모하여 봉향하는 사당이다. 현재 대성전 안에는 공자의 위패를 중앙 정위正位로 하고, 공자의 학통을 계승한 안자, 증자, 자사, 맹자 등 4성聖을 공자 위패 바로 앞에 동서로 배향하며, 공자의 제자 10철哲과 송조 6현賢의 위패, 그리고 이와 아울러 동방 18현의 위패를 동서로 나누어 차례로 봉안하고 있다.

문묘종사는 유학자의 학문을 국가적으로 공인하고 그 업적을 영원히 찬양한다는 의미이다. 유학자에게 문묘에 종사되는 영예는 실로 더할 수 없는 큰 예전禮典이었다. 문묘에 종사되는 것은 유학자로서 큰 영예이며, 학문과 덕행이 사표의 위치에 올라있음을 의미한다. 따라서 그 절차는 매우 엄중하고 오랜 기간의 공론을 거쳐 조정의 윤허를 받아야 했다. 김굉필, 정여창, 조광조, 이황 등 5현을 종사하자는 요청은 백년이 지나서야 국가적으로 인정되었으며, 이이·성혼의 양현 종사도 오십년이 지나서야 실현되었다.

이처럼 유현의 평가는 오랜 시간이 경과하고 수십 년간의 논의를 거쳐 신중하게 결정했다. 따라서 문묘에 종향한 우리나라 제현들은 한국유학의 정수를 상징한다. 문묘에 종향된 선현들은 한국인의 스승으로서, 국왕도 성묘聖廟에 석전을 드렸다. 선현을 존숭하고 본받는다는 정신은 한국인의 정신으로 자리 잡았으며, 직위나 부귀가 아닌 높은 인격과 학문, 의리를 숭앙해온 민족 전통을 잘 나타내고 있다. 그러므로 동방 18현의 사상과 인품과 업적을 통해서 한국의 정신사를 조명하고, 이를 통해 유학의 근본 의미와 한국의 정신문화를 이해할 수 있다.

대성전 안에는 다음과 같이 동방 18현의 위패를 상존 연대에 따라 배향하고 있다.

〈동국 18현의 배향위 순서〉

순서	서배향 인물	동배향 인물
제1위	최치원	설총
제2위	정몽주	안향
제3위	정여창	김굉필
제4위	이언적	조광조
제5위	김인후	이황
제6위	성혼	이이
제7위	조헌	김장생
제8위	송시열	김집
제9위	박세채	송준길

우암을 모신 서원

우암이 돌아가신 지 5년 뒤부터 수원의 개곡서원, 정읍의 고암서원, 충주의 누암서원 등 우암을 제향하는 서원이 세워졌고, 다음 해에는 시장 없이 문정文正이라는 시호가 내려졌다. 이후 덕원의 용진서원, 화양동의 화양서원을 비롯한 수많은 지역에 서원이 설립되었다.

　도봉서원 외에도 돈암서원 등에서 배향하였으며, 회덕의 남간 영당, 옥천의 용문 영당, 화양동 서제의 영당, 거제의 반곡서원, 장기의 영당, 예산의 집성사, 영동의 한천서원, 강진의 남강서원 등 전국 각지의 많은 서원이 세워졌다.

　정조가 즉위한 이후에도 서원에 배향되는 일이 지속되었다. 정조는 즉위(1776)한 직후 우암을 효종의 묘정에 배향하고, 그 해에 만동묘의 편액을 친히 써서 만동묘에 달았다. 10년 뒤(1785) 여주에 대로사를 지었다. 그 2년 뒤(1787)에는 평양감영에서 「송자대전」을 간행했다.

　이로써 우암을 모신 서원이 전국적으로 약 70여개소에 이르게 되었고 그중 사액서원만 37개소였다. 우암이 돌아가신 뒤에도 칭송과 비방이 많이 일어났으나, 1716년의 병신丙申 처분과 1744년영조 20의 문묘배향으로 그의 학문적 권위와 정치적 정당성이 공인되었다.

문제

1. 〈문묘에는 우암 선생이 애써 계승하고자 한 분들이 모두 모셔져 있다. 멀리는 공자, 맹자로부터 주자 등을 모시고, 한국인으로서는 신라시대의 설총과 최치원으로부터 고려시대의 안향, 정몽주, 그리고 김굉필, 정여창, 김인후, 조광조, 이황 이이, 조헌 등을 모셨으며, 우암 선생도 스승이신 김장생과 김집과 함께 나란히 문묘에 모셔져 있다.〉 문묘 배향의 의미에 대하여 서술하세요.

2. 〈사액 서원에 배향되었다〉에서 '사액' 서원은 어떠한 의미인가요? 서원-영당은 또 어떤 곳인가요?

탄생 400주년 문화제 영상 초록

조선조 500년이 낳은
가장 위대한 사상가 우암 송시열

성리학과 예학의 대표적인 학자 우암 송시열 선생은 조선 후기 사에 가장 큰 영향을 미쳤던 대정치가이시다.

충청북도 옥천군 구룡촌, 조선왕조실록에 그 이름이 3,000회 이상 등장한 우암 선생이 출생한 곳이다. 지금도 우암 선생의 정신과 발자취가 살아 숨 쉬고 있는 듯하다. 어린 시절 우암 선생은 아버지의 가르침으로 학업을 시작하였고, 8살에 대전의 회덕에서 평생의 동반자 동춘당 송준길 선생과 함께 공부하였으며, 12세부터는 주자와 율곡 이이 선생의 학문을 공부하기 시작하였다. 24세에 부친의 삼년상을 마치고 당대 사림의 종장이던 김장생과 그의 아들 김집의 문하에 들어가 학문을 연마했다. 27세에 생원시의 장원으로 합격하여 인조의 둘째 아들인 봉림대군의 스승이 되었다.

▲ 우암 송시열 초상

그러나 그해에 병자호란이 발발하였다. 송시열은 무도한 도발을 감행한 오랑캐에 항전하고자 인조를 따라 남한산성으로 들어갔다. 조선군은 남한산성에서 결사항전 하였으나 힘이 다하고 백성이 도탄에 빠지게 되자 결국 인조는 성 밖에 삼전도에 나아가 청 태종에게 삼배구고두로 항복을 하는 성하의 맹을 맺었다. 조선이 오랑캐에게 신하라고 칭하는 굴욕을 당하게 되자 송시

▲ 구룡촌

열은 곧바로 낙향하였다.

이곳은 충북 황간으로 우암이 낙향하여 서재를 짓고 학문에 몰두하며 제자를 기르던 한천정사이다. 김장생, 김집 문하의 동학들과 학문을 논하며 주자학의 이론과 실천에 노력을 기울이게 되었다. 병자호란 이후 학문과 제자를 기르는 일에 몰두하던 송시열은 왕자 시절에 제자였던 효종이 왕위에 오르자 정치의 전면에 나서게 되었다. 송시열은 나라의 힘을 기르고 청나라를 응징해야 한다는 기축봉사를 효종에게 올렸다. 온 나라가 한마음으로 백성을 보살피고 군대를

▲ 한천정사

길러 청을 치는 북벌을 단행해야 한다는 준엄한 뜻이었다. 우암 선생의 북벌의 의리는 단순히 조선이 당한 치욕을 갚아야 한다는 복수의 뜻이 아니라 무도한 폭력이 인간 세계의 인류과 도의가 멸망시켜 인류가 야만 세계로 전락되는 것을 막아야 한다는 강한 문명 정신이 깃들어있다. 우암의 복수설치론은 인간의 숭고한 덕을 숭상하고 불의한 폭력을 용납하지 않는다는 한국 의지 정신의 참모습을 보여주고 있다.

▲ 암서재

▲ 비례부동

그러나 1659년 5월 우암 선생을 중용하여 북벌의 뜻을 실천하려던 효종이 갑자기 돌아가셨다. 이로써 북벌정책이 좌절되자 우암 선생은 이를 통탄하며 이곳 충청북도 괴산군 청천면에 있는 화양동으로 들어가 다시 학문 연구에만 전념하였다. 아름다운 계곡 사이로 맑은 물이 흐르고 괴암괴석(기암괴석)이 자태를 뽐내고 있다. 우암 송시열의 얼과 혼이 스며있는 곳이다. 경치가 아름다운 화양동에 위치한 암서재이다. 화양동에 머물던 우암이 거처하시던 정자이자 서재이다. 우암은 화양동에서 자연과 벗하며 학문을 연마하고 후학을 가르치셨다. 지금도 화양동에는 우암의 얼과 정신이 스며있는 유적이 많이 산

재해있다. 우암이 화양동에 비례부동을 바위에 새겼을 때 이는 '예가 아니면 행하지 않는다'는 뜻으로 우리가 인류의 인의와 예 문화를 담당한다는 조선 문화에 대한 자부심이 담겨있다.

그 당시 효종과 효종비가 돌아가신 후 왕실의 복제 이해론으로 인하여 첨예한 정치 대립이 이루어지던 시기였다. 우암은 효종이 왕이었지만 둘째 아들로 대해야 한다고 주장했다. 이윽고 숙종이 즉위하자 우암의 이해설은 왕을 낮추고 그 정통성을 어지럽힌 것이라고 공격을 당하여 69세에 모든 관직을 삭탈당하고 유배를 가게 되었다. 함경도 덕원, 경상도 장기, 거제 등지에서 유배 생활을 하다가 5년 만에 또다시 정치 변동이 일어나 유배에서 풀려나게 되어 다시 화양으로 돌아오셔서 제자를 기르며 주자학에 더욱 몰두하였다. 그러나 9년 뒤 또다시 숙종이 왕후가 아닌 장희빈이 낳은 아들을 세자로 책봉하자 83세의 노구에도 불구하고 이에 반대하는 상소를 올렸다. 이에 격노한 숙종이 다시 제주도 유배를 명하였다. 송시열의 처형을 주장하는 정적들의 상소가 잇따르는 가운데 우암 선생은 제주도에서 서울로 압송되던 도중 전라도 정읍 이곳에서 사약을 받게 되었다. 선생은 세상을 떠나면서 제자와 자손들에게 어질고 바른 도리를 숭상하고 실현하라고 당부하고, '학문은 주자를 위주로 삼고, 사업은 효종의 뜻을 따르라'는 유언을 남겼다.

▲ 만동묘

우암 선생이 돌아가신 후 그에 대한 추숭사업은 전국적으로 전개하며 그가 남긴 이념을 계승하고 있다. 문인 권상하를 비롯한 제자들이 선생의 유명에 따라 명나라 신종과 의종 황제의 제사를 드리는 사당 만동묘를 건립하였다. 이미 망했지만 임진왜란 때 명나라가 조선을 도운 고마움에 대한 신의를 지키고 인류가 전해온 어질고 바른 문화를 잊지 말라는 의미를 지니고 있다.

▲ 화양서원

▲ 남간정사

우암을 숭상하며 제사를 드리는 화양서원이다. 화양계곡의 만동묘 바로 옆에 있는 화양서원은 우암을 배양하는 전국의 70여 개 서원 중 으뜸이다. 우암이 말년에 은거하면서 조선의 정신을 정립하던 곳에 세워진 조선 정신과 춘추 사상의 전당이었다. 화양동을 무척이나 사랑했던 우암 송시열 선생. 충청북도 괴산군 청천면 청천리 이곳에 잠들어있다. 우암 묘소 앞에는 뛰어난 인물을 기리기 위해 세우는 신도비가 없다. 우암이 세우지 말라고 유언했기 때문이다.

정조 2년, 1778년 효종릉이 있는 경기도 여주에 송시열을 모시는 사당 대로사를 건립하도록 명하였다. 조선 후기 최고의 성군 정조는 만동묘의 편액과 우암 묘비의 대자 그리고 대로사비의 비문을 짓고, 손수 써서 내릴 만큼 송시열의 사상과 이념을 높이 받들었다. 대로라는 말은 큰 스승님이라는 뜻으로 선생을 크게 높여 존경한 뜻이다.

대전시 동구에 위치한 우암 사적공원이다. 이곳은 우암 송시열 선생이 학문을 대성하였고 남간정사를 지었으며 효종의 뜻을 받들어 병자호란 때 치욕을 씻고자 북벌 계획을 세웠던 곳이다. 선생의 그 정신을 후손들에게 계승, 발전시키기 위하여 대전광역시가 시민의 마음을 모아 유서 깊은 명소로 조성하였다. 우암 선생의 지도이념과 선생의 거룩한 정신을 배우고 전통문화를 익히는 역사의 참교육장이다. 우암 사적공원 안에 있는 남간정사이다. 조선 후기 대유학자 우암 송시열 선생이 강론하고 학문을 가르치던 곳이다.

(인터뷰) 2007년 정해년은 우암 선생께서 탄생하신 지 400주년이 되는 해입니다. 400주년을 맞아 우리 남간사유회에서는 송자 탄신 400주년 기

▲ 한천정사 입구 월류봉 풍경

▲ 송자대전판

념행사 추진위원회를 구성, 전국 각처 우암 선생 유적지에서 성대한 기념식을 거행을 했습니다. 그중에서도 특기할 만한 사항은 첫째, 우암 찬가를 제정을 했습니다. 둘째, 왜 우리는 우암 선생을 송자로 추앙하는가에 대한 근거를 확실하게 제시를 하였고, 셋째, 우암 선생께서는 우리나라 역사상 가장 많은 책을 남기셨습니다. 580여 권이라는 그야말로 누가 따라갈 수 없는 많은 책을 남기셨습니다. 특히 우암 선생께서는 효종 대왕과 북벌을 도모하셨습니다. 바로 북벌을 도모하실 때 효종 대왕과 밀지를 교환하시던 곳이 바로 이 남간정사입니다. 얼마나, 이 얼마나 감개가 무량합니까. 우리는 우암 선생을 대전의 문화 역사 인물로 높이 추앙을 해야 합니다. 따라서 우리는 송자 문화대제전을 꼭 거행을 해야 하겠습니다.

기국정, 우암 송시열 선생이 동구 소제동 방죽 옆에 세웠던 건물로 주변에 구기자와 국화가 무성하여 기국정이라 불렀다고 한다. 우암 송시열 선생의 글과 일대기 등을 모아놓은 송자대전목판이다. 우암문집은 숙종 43년에 교서관에서 금속활자로 처음 간행되었다. 송자대전판목의 원판은 청주 화양동에서 보관하였으나 순종 원년 장판각의 화재 때 불에 타서 없어지고 지금 남아있는 판목은 1929년 후손과 유림들이 남간정사에서 다시 판각한 것이다. 송자 우암 선생 탄신 400주년을 맞이하였다. 우암 선생의 뜻과 정성을 기르고자 우암 문화대제전이 펼쳐지고 있다. 우암 선생에 대한 선양사업을 정리하는 계기를 마련하고 우암 선생의 역사적 위상을 재정립하는 자리이다. 21세기 우암과의 만남을 통하여 대유학자 우암 사상을 음미해보면서 학문적 가치를 재조명하고 선비 문화를 새롭게 인식하는 장이 마련되고 있다.

(인터뷰) 이제 우암 탄생 400주년을 맞이하여 그동안 쌓아온 우암 선생에 대한 선양사업을 모두 총정리하고.
(인터뷰) 우암 선생님은 우리 충청도의 정신적 지주이신 분이십니다.
(인터뷰) 기호학파 율곡 선생의 학문을 철저하게 연구하고 지키려고 노력하신 분이 바로 우암 선생입니다.
(인터뷰) 시설 보존에 아낌없는 후원을 하겠다는 말씀을 드리겠습니다.

▲ 우암사적공원

우암 사적공원을 중심으로 대전이 유학의 중심지로서의 자긍심을 높이고자 전통문화체험의 장을 비롯하여 선비문화 학습의 장, 유교 문화 관광의 장으로 구성하여 선생의 숭모 행사와 실천 운동을 범시민적으로 펴나가고 있다. 우암 선생이 제창하고 실천하신 '직'과 '의'의 사상, 오늘날 21세기를 맞이하여 삶의 지표를 잃고 방황하는 현대인의 정신세계를 바로잡는 큰 가르침이 되고 있다. 우리의 영원한 스승이신 우암 선생의 그 정신, 이제 사회와 국가를 다시 세우는 원천이며 자라나는 우리 후세에게 물려줄 자산이다. 춘추 정신에 담겨진 인간 생명 존중 정신, 국가의 자주정신과 세계평화정신, 우암 선생의 사상은 바로 민족의 주체성을 수립하고 문명국가로서의 역사의식을 확립하며 자랑스러운 우리 민족의 새로운 지평을 열어가리라.

우암 송시열 선생 연보

1세	(1607년, 선조40, 만력35)11월 12일 송갑조(자 원유, 호 수옹)와 곽 씨의 셋째 아들로 충북 옥천군 구룡촌에서 출생.
3세	(1609년, 광해군1)
8세	송이창(호 청좌와, 송준길의 아버지)에게 동춘당 송준길과 같이 수학하다.
12세	아버지가 율곡, 정암, 매월당을 배우도록 했다.
15세	(1621년, 광해운12, 천계1)
17세	(1623년, 인조1)
18세	관례거행
19세	2월 한산이씨와 결혼하다. 4월 김천사에서 글을 읽다.
21세	(1627년, 인조5) 정묘호란이 일어나다.
22세	(1628년, 인조6, 숭정 1년) 4월 부친사망

24세	삼년상을 지내고 사계 김장생에게 찾아가 『근사록』『심경』『가례』 등을 배우다.
25세	8월 사계 김장생 선생 사망. 신독재 김집 선생에게 수학. 이때부터 전적으로 주자의 글을 읽고 실행하다.
26세	회덕 송촌으로 이사.
27세	생원시험에 장원합격. 시험관이었던 최명길이 우암을 장원으로 뽑다.
28세	4월 동춘과 함께 영남지방 유람. 려헌 장현광 방문. 야은 길재 묘와 오산사(길재사당) 참배. 사계 묘를 참배하고, 돈암서원의 향사에 참여.
29세	2월 회덕 비래동에 서재를 짓다. 4월 비래암에서 글을 읽다. 11월 봉림대군(효종)의 사부에 제수되다.
30세	(1636년) 병자호란이 일어나다. 겨울에 호가하여 남한산성으로 가다.
31세	(1637년, 인조15) 조선에 청에게 항복. 보은 노곡(중형집)으로 가다.

	김익겸을 조상하다.
32세	별제로 승진하였으나 부임하지 않다.
	황간 냉천리에 우거하면서 학문을 강론하다.
33세	3월 이유태, 윤선거 등과 진산에서 중봉 조헌의 유사를 의논하다.
	9월 용담 현령을 제수하였으나, 부임하지 않다.
35세	태숙 김극형과 서신을 주고받다.
	태숙이 性을 禮, 인의예지를 用이라 하여 누차 서신으로 변론하다.
36세	윤휴와 이기설을 변론하다.
38세	6월 명나라의 의종(숭정황제)이 이자성이 도성을 함락하자 자살하다.
	11월 사헌부 지평에 제수되었으나 사면하다.
39세	5월 청음 김상헌을 양주로 찾아가 방문. 청음을 대의의 종주라고 칭송하다.
	11월 효종이 왕세자가 되자, 세자의 사부로 초빙하였으나 사양하다.
	12월 지평에 제수되었으나 사양하다.
40세	6월 이유태, 윤원거, 윤선거와 돈암서원에서 강론하다.
	9월 윤문거를 이유태와 함께 방문하다.
	김장생을 숭현서원에 추후 배향하다.
	12월 호남 유람, 안방준, 유계, 임현, 신천익 등을 방문하다.
41세	4월 세자 시강원 익선에 제수되었으나 부임하지 않다.
	8월 비래암에서 제자들에게 학문을 강론하다.
42세	진잠 성전리로 이사하다.
43세	(1649년 효종1)
	6월 효종이 즉위하다.
	세자시강원 진선을 제수하였으나 서울로 가서 사양하다.
	사헌부 장령으로 제수되었으나 사양하다.
	우암이 인조 능(장릉)의 지문에 청의 연호를 쓰지 않고 명의 연호를 썼다.
	김자점이 북벌 계획과 지문 사실을 청에 고자질하다.
	7월 구룡촌으로 돌아오다.
	9월 진선에 제수되었으나 서울로 가서 사양하다.
	10월 장령에 제수되었으나 사양하다.
	두 차례 상소하여 시사를 논하고 김경여와 송준길을 두둔하다.
	11월 사복 시정을 제수하다.

	12월 사헌부 집의를 제수하다.
44세	1월 주강에 입시하다.
	2월 귀향하다.
	4월 사계의 행장을 짓다.
	6월 진선에 제수되었으나 사직하다.
	11월 율곡선생 연보를 송준길과 교정하다.
45세	4월, 8월, 12월 진선에 제수되었으나, 사양하다.
46세	6월 집의에 제수되었으나, 사양하다. 김상헌이 사망하다.
	11월 이유태, 윤선거와 돈암서원에 모이다.
47세	3월 충주목사에 제수되었으나, 사양하다.
	4월 송촌에서 향음 주례를 거행하다.
	5월 김경여가 죽자 조문하다.
	6월 숭현서원에서 모여 강론하다.
	윤7월 황산서원에서 유계, 윤선거와 윤휴를 논하다.
	11월 진산에서 중봉에게 분황하고 신주를 고쳐쓰다.
	이유태, 윤선거가 참여하다.
	12월 회덕의 소제에 살 곳을 정하다.

48세	2월 집의에 제수되었다가 부호군이 되다.
	돈암에서 「의례문해」를 이유태와 교정하다. 윤선거도 모이다.
	4월 통정대부 승정원 동부승지에 제수되었으나 상소하여 체직되다.
	고란사에서 유계, 윤원거, 윤선거와 모여 놀고 「심경」을 강론하다.
	5월 청자와에서 송준길과 「근사록 석의」를 정정하다.
	8월 금산의 이유태, 연산의 김집, 유계 등을 방문하다.
	12월 숭현서원에서 분향하다.
49세	1월 서산에서 이유태와 「의례문해」를 교정하다.
	2월 이조참의에 제수되다.
	3월 모친 곽부인 사망하다.
50세	윤5월 김집 사망하다.
	12월 김익희 사망하다.
51세	5월 복을 벗다. 시강원 찬선에 제수되었으나 나아가지 않다.
	10월 허형을 문묘에서 출향하라고 상소하다.
	위 문제로 윤선거와 서신을 주고받다.

52세 2월 이조참의를 제수하다.
　　　 3월 가선대부 예조 참판에 제수되었으나 상소하여 체직되다.
　　　 5월 옥천 창주 서원 봉안에 참예하다.
　　　 6월 증산의 윤문거를 방문하다. 유계, 이유태도 모이다.
　　　 7월 효종에게 성학과 대동법을 등을 논하다.
　　　　　　시강원 찬선에 제배되다.
　　　　　　재종형 아들 기태를 후사로 삼다.
　　　 9월 1일 효종에게 성학을 논하고 양민 양군에 힘쓸 것을 말하다.
　　　　　　송준길 입시. 이 때 수신과 정사의 관계를 논하다.
　　　　　　자헌대부 이조판서에 제수된다.
　　　10월 효종에 초피(貂皮)모자를 주다.
　　　　　　양민이라도 어미가 천인이면 어미의 신역을 따르는 법 시행을 청하다.
　　　　　　호패법을 시행하도록 건의하다.(흉년 구제 방안으로)
　　　11월 재해로 인해 백성의 역사를 감하기를 적극 청하다.
　　　12월 효종이 초피 갖옷을 내려 주다.
　　　　　　17일 효종에게 이 기론을 강론하고 퇴계와 율곡의 설이 다름을 논하다.
　　　　　　18일 인구수와 전답의 결수를 파악할 것을 진언하다.
　　　　　　27일 경사도 아홉 고을의 세를 경감하고 구제하기를 건의하다.

53세 1월 봄에 받을 대동미 전량을 감하고 충청지방을 구제하기를 건의하다.
　　　　　　함양 공부를 아뢰다.
　　　 2월 호포 거두는 일을 논의하다.
　　　 3월 11일 효종과 독대하다.
　　　　　　27일 김홍욱의 신원을 청하여 허락받다.
　　　 4월 군벌의 서원에 사액을 청하여 윤허받다.
　　　　　　소대하여 「심경」을 강론하다.
　　　 5월 4일 효종사망.
　　　　　　5일 자의대비(인조계비 조씨) 복제 의논.
　　　　　　9일 현종 즉위
　　　 6월 우암과 동춘이 편당하고 사람을 잘 못 쓴다고 상소하자.
　　　　　　우암이 이조판서 직을 사양하여 체직하다.
　　　　　　숭정대부 겸 판의금부사에 제수되었으나 이후 여러 차례사양하다.
　　　　　　윤선거 등과 편지를 주고받다.
　　　　　　판중추부사에 제배되다.
　　　　　　패초(牌招)를 받고 입시하다.
　　　　　　효종의 능을 수원에 두지 말기를 논하다.

　　　　　이조판서를 제수하다.
　　　　　의정부 좌참찬으로 제배되다.
　　　7월 본직과 겸직 모두를 해면하기를 청하다.
　　　9월 효종의 지문을 지어 올리다.
　　　10월 효종의 만사를 지어 올리다.
　　　12월 여러 사람이 우암을 비난하자, 상소를 올리고 도성을 떠나다
　　　　　소제로 돌아가다.

54세　(1660년, 현종1)
　　　1월 왕이 여러 차례 불렀으니 가지 않다.
　　　2월 우재 이공이 죽어 애도하고 신도비문과 시장을 짓다.
　　　3월 의정부 우찬성에 제수되었으나 사양하다.
　　　　　자의대비 복제에 대한 의논을 올리다.
　　　4월 연복(練服)의 변경 및 허목의 도설을 변박한 의논을 올리다.
　　　　　허목이 '서자는 첩자의 명칭'이라고 하고, 상복도를 만들어 올리다.
　　　　　우암이 면재 황씨의 상복도식을 인용하여, 허목의 도설을 변론하다.
　　　　　윤선도가 상소하여 우암을 공격하다, 윤선도가 귀양 가서 「예설」을 짓다.
　　　6월 왕이 불렀으나, 나가지 않다.
　　　7월 문인 정보연이 죽어 애통해 하다.
　　　　　전국에 어사를 보내어 민간의 병폐와 고통을 살피고,
　　　　　모든 궁가의 폐단을 조사하도록 상소하였으나, 왕이 시행 하지 않다.
　　　8월 병조판서에 제수되었으나 사직하다.
　　　11월 성학의 요점을 진달하다.

55세　2월 송준길이 조정에 나가다. 종묘 재조정 문제로 논하다.
　　　4월 효종의 대상이 다가와 서울로 들어갔다가 조경이 배척하는 상소를 내자,
　　　　　도성밖으로 나오다.
　　　5월 현종을 만나 복제에 관한 그간에 논란한 경위를 말하고, 사직하다.
　　　6월 집으로 돌아오다.
　　　9월 목천 승천사에서 이상(운거)을 만나다.
　　　12월 공주 원기 마을로 이사하다.

56세　3월 금강산을 여행하다.
　　　5월 찬성에 제수되었으나, 사양하다.
　　　10월 여산의 황산마을로 이사하다.
　　　　　율곡선생 여보를 교정하다. 이 때 윤선거와 같이 교감했다

57세　1월 동춘과 더불어 상소하다. 호남의 대동미를 감하기를 건의하다.

숙제(송시도)의 아들이 죽어 영산에 다녀오다가 성주의 한강 정구 사당에
배알하다.
4월 이운거와 부여의 남당에 배로 가서 놀다.
8월 속리산을 유람하다.
12월 죽림서원에 대항례를 거행하다.

58세 3월 시남 유계가 죽다.
8월 증손자 증일이 태어나다.
11월 속리산에 들어가다.

59세 5월 왕이 온천으로 오자 가서 만나다.
8월 공암서원에 머무르다. 다음날 동학사로 가서 거주하다.
9월 황호로 돌아왔다가 다시 동학사로 가다.
율곡 우계 연보를 간행하다. 이유태, 윤선거도 모이다.
윤휴의 일로 윤선거와 쟁변하다.
10월 공림사에 가서 글을 읽다.
11월 판교로 돌아오다. 재이가 거듭되어 임금이 대책을 묻자,
정자 주자의 진계를 들어 상서하다. 고운사에서 이유태와
사계 선생의 유고를 교정하다.

60세 4월 청주 침류정에서 기거하다.
왕이 온천으로 오자 우암이 가서 만나다.
8월 화양동에 집을 지어 거처를 옮기다.
항상 중국제도의 난삼과 평정건을 착용하고 거처하다.
10월 원자를 위하여 「소학언해」를 찬정하여 올리다.
12월 세자 책봉례를 거행하려고 세자이사를 제수하였으나,
영남 유생들이 가한 죄(4월의 일)를 이유로 사양하다.

61세 2월 전 해의 일로 청에 다녀 온 허적을 탄핵하다.(안추원이라는 사람이 청에서
도망쳐 온 사건으로 인해 청은 사신을 보내 조선을 조사하고 왕이 직접
사과했다. 이 때문에 허적을 청에 파견하여 벌금을 물다.)
3월 영남 사람 황연이 '우암과 동춘이 당을 심고 이름을 구한다.' '원한을 얽고 화를
부르는 말로 성청을 어둡게 한다.'고 소를 올리자, 임금이 황연을 정거(얼마동
안 과거를 못 보게 하는 벌)하게 하다.
5월 중국인 100인에 제주에 표류하여 오다. 스스로 명나라 황통을 저버리지 않는
사람이라고 하였는데, 조정에서 문제가 될까 염려하여 청으로 잡아 보내자고
하자, 이에 통분한다.
6월 창랑 성문준의 묘갈문을 짓다. 성문준은 우계 성혼의 아들이다.

9월 파곡, 속리산, 노곡 등을 유람하고 소제로 돌아오다.
11월 고산사에서 머물다가 서대산암으로 옮겨 살다.
12월 청림사, 고운사 등에서 머물다.

62세 1월 정관재 이단상과 현석 박세채에게 편지로 퇴계의 격물설을 논하다.
2월 대광보국 숭록대부 의정부 우의정에 제배되다.
3월 상소하여 사직하다. 이 후 8월까지 열 번 사직소를 올리다.
　　왕이 7번 사관을 보내고 3번 승지를 보내어 부르다.
9월 왕이 온천으로 오자, 행궁으로 입조하여 사직하다.
　　판중추부사에 제배되다.
　　상소하여 세자부 직을 사양하다.
10월 비희사의를 지어 올리다.
　　희정당에 입시하다.
　　양주의 선영과 누이의 묘에 참배하고, 개성 유람, 도봉산에서 강학하다.
　　29일, 30일 이틀간 양심합에 입대하여 「심경」을 강론하다.
11월 16일 내수사(내탕)혁파를 건의하다.
　　19일 위민정책을 적극 건의하다.
　　23일 왕이 집을 내리고 도성 안에서 살도록 하였으나, 사양하다.
　　26일 다시 우의정에 재배되다.
　　28일 상소하고 경기도 광주 궁촌으로 떠나다.
2월 3일 상소하여 사직하다.
　　19일 양심합에 입시하다.

63세 (1669년, 현종 10)
1월 4일 입시하여 「심경」을 강의하다.
　　전정과 군정과 보오법을 건의하다.
　　관향이 다르더라도 동성인 경우 혼인을 금지하도록 건의하다.
　　승려를 금지하라고 건의하다.
　　5일 소대 입시 「심경」강의.
　　6일 경연에서 「소학」을 강하고, 소대에 입시하다.
　　7일 차자를 올려 외방의 병기를 정비하기를 건의하다.
　　9일 「심경」을 강의하고 공물을 감할 것을 논의하다.
　　10일 소대 입시. 군정을 논하다.
　　13일 왕이 교졸을 주었으나, 사양하다.
　　20일 입시하다.
　　28일 삼청동 유람.

2월 3일 서추와 양연(경연과 서연)의 해임을 청하다.
　　　7일 공물을 감하고, 안흥에 조창을 설치하기를 건의하다.
　　　허적 등이 반대하여 건의한 일들이 행해지지 않자 낙향을 결심하다.
　　　16일 상소하고 하직하다.
4월 이경석과 소원해지다.
　　　무주 적상산을 유람하다.
5월 소제동으로 돌아오다.
8월 윤선거가 사망하자 제문을 짓다.
10월 화양동으로 가다.
12월 소제로 돌아오다.

64세 1월 화양동으로 가다.
3월 권시와 만나다.
　　　박세채와 만나다.
　　　윤선거의 제문을 짓다.

65세 5월 우의정에 제배, 세자부를 겸하다. 상소하여 사직하다.
7월 삼학사전을 짓다.
8월 상소하여 사직하고 월봉을 사양하다.
9월 10월 계속 소명을 내렸으나 사양하다.
　　　백성 구휼과 재변 구제책을 진술하고 지난해에 지은 소를 바치다.
12월 상호하여 사직하였으나 허락되지 않다.

66세 1월 상소하여 대죄하고 직명, 능봉을 사직하다.
　　　권시가 사망하자, 탄방으로 가서 조곡하다.
3월 영동을 유람하다.
4월 속리산에 들어가다.
5월 좌의정에 재배되자 상소하고 대죄하다.
6월 연산 이동에서 이유태와 함께 사계 선생 유고를 교정하다.
7월 중형 상을 치르고 화양으로 돌아가다.
　　　허적의 일로 왕이 크게 화를 내어 체직하다.
　　　이유태와 공산 신오에 모여 교서하다.
10월 화양동으로 돌아가다.
　　　석호 윤문거를 조곡하다. 신모비명을 짓다.
11월 소명을 사양하다.
　　　송준길이 죽다.
　　　자운서원 묘정비문을 짓다.

67세 5월 영릉(효종의 능)의 석물이 갈라지는 변고가 생기자, 석고대죄하다.
6월 묘를 영릉(세종의 능) 옆으로 옮기기로 하다.
7월 천릉의 지문 제술관이 되어 서울로 가던 중 좌의정에 제수된다.
8월 상소하여 체직되자, 입대하다.
　　　릉의 병풍석 상석을 감하고 염할 때 보옥을 넣지 말기를 건의하다.
9월 김만중 등의 허적을 논핵하다가 귀양 가자, 우암이 상소하여 대죄하고, 군장리로 이주하다.
10월 민정중과 신릉으로 가는 길에 이식(택당)의 집에 머물다.
　　　효종의 릉을 이장하는 것을 보고 화양으로 돌아가다.
　　　청나라 연호나 조선 왕에게 준 시호를 다시는 쓰지 않도록 건의하다.
　　　윤선거의 묘문을 짓다.(이일로 윤증과 불화가 생기다.)
12월 영중추부사에 제배되다.

68세 1월 상소하여 대죄하다.
2월 왕대비(효종 비 인선왕후 장씨)가 죽다.
3월 예관이 기년복으로 했다가 대공(9개월)으로 고쳤는데 왕이 그 죄를 묻다.
　　　이에 우암이 문상하러 서울로 가다가 중간에서 그만두다.
4월 송나라 의종의 친필 '비례부동'을 화양동 벼랑에 세기다.
　　　신륵사에 가서 왕비의 장례 행렬을 보고, 용문산으로 가다.
　　　「선천도」(복희씨의 역인 선천 팔괘도)를 강론하고 주자 글을 읽다.
6월 소제로 돌아오다.
　　　이유태와 신오에서 사계 유고를 교정하다.
7월 왕명으로 기년상이 정해지고, 대신과 예관이 견책을 받자 대죄하다.
8월 현종이 죽고 숙종이 즉위하다.
9월 곽세건의 우암을 탄핵하다.
10월 지문 제술의 소명을 사양하다.
11월 진천에 가서 명을 기다리다.
12월 현종 발인에 망곡례를 한 후, 길상사로 이주하다.
　　　'예를 어그러트리고 통서를 어지럽혔다(乖禮亂統)'하여 파직되다.
　　　삭탈 관직하여 문외출송 당하다.

69세 (1675년 숙종 원년)
1월 함경도 덕원(문천)으로 귀양 가다.
3월 청음 김상헌의 묘지를 짓다.
5월 효종이 죽은 날 곡하고 울다.
윤5월 이유태, 이상이 유배되다.

	8월 윤휴, 허적, 허목이 복제 문제로 회의하다.
	9월 윤증의 편지에 답하여 윤휴에 대한 애매한 태도를 꾸짖다.
	12월 송준길의 관작이 삭탈되다.
	포은 정몽주의 신도비를 짓다.
70세	2월 윤증이 우암을 찾아와서 윤선거 묘문을 개정하기를 요구하였으나,
	우암은 윤선거뿐만 아니라 윤증도 윤휴에 대한 태도가 불분명 하다고 꾸짖다.
	7월 이유태와 예송 문제로 다투고 절교하다.
71세	3월 부인 이 씨가 사망하다.
	6월 우암을 죽여야 한다는 논의에 허적은 반대하고, 허목은 찬성하다.
72세	8월 「주자 대전차의」가 완성되다. (숙종 1년 시작. 간혹 김수항과 정정하다.)
	「이정전서」를 각각 유별로 분류하여 「정서 분류」를 짓다.
	퇴계의 「경서질의」 「기선록」 등을 증정하다.
73세	4월 거제로 이배되다.
	5월 우암에게 양사가 중죄내릴 것을 청하다.
	7월 이유태가 석방되다.
	12월 「주자 어류소분」(「주자어류」를 정리 산삭하고 내용을 분류)을 편수하다.
	「문공선생 기보통편」(주자의 연보와 실기를 합함)을 편수하다.
74세	(1680년. 숙종6) 경신환국(경신대출척)으로 남인이 실각하다.
	5월 청풍으로 이배되다.
	6월 유배가 풀리다.
	화양에서 수암 권상하 등과 정이. 주의 저술을 적정하다.
	10월 영중추부사에 제배되다.
	12일 숙종을 처음으로 만나다. 덕을 수양하고 '신독'을 권하다.
	14일 입시하여 「태극도」와 「서명」을 강론하다.
	16일, 17일 입시하다.
	27일 대왕대비의 복제에 대하여 논의하라는 명을 사양하다.
	11월 상소하여 사임하고 서울을 떠나다.
	12월 자성 현열대비가 초치하여 다시 서울로 가다.
75세	1월 3일 입대하다.
	8일 차자를 올려 존주양이를 논하고 공도를 넓히기를 말하다.
	13일 포목의 징수 단위를 정하여 서리의 농간과 폐단 없애기를 건의하다.
	14일 입시하여 「심경」을 강하다.
	호란 때 강화도에서 순절한 홍명형, 김수남을 정려하기를 청하다.

포은 정몽주 자손을 구휼하기를 청하다.
18일, 21일 입시하여 「심경」을 강하다.
2월 4일 공물과 병제를 논하다.
5일 「심경」을 강하고, 이사룡(성주 도수) 자손을 구휼하기를 청하다.
11일 「심경」을 강하고, 임금에게 유계의 「려사제강」을 소개하다.
20일 서울을 떠나다.
3월 8일 소제에 도착하다.
이즈음 명재 윤증과 현석 박세채가 우암을 공격하다.
왕이 계속 불렀으나 가지 않다.
4월 화양에 가다.
5월 월름을 사양하다.
8월 왕이 「심경석의」를 교정하라는 명을 내리다.
9월 「심경석의」 교정본을 올리다.
「오현종사시절목의」를 올리다.
12월 김장생의 종사를 건의하다.
효종의 유지(북벌)를 받들기를 권유하다.

76세 전익대의 옥사 사건이 일어나다.
2월 소명을 내렸으나 나아가지 않다.
3월 이유태를 만나 화해하려 하였으나, 이유태가 오지 않다.
4월 왕이 준 음식물을 받다.
7월 왕이 강연에 불렀으나, 사양하다.
8월 왕이 소명을 내렸으나, 사양하다.
9월 서울로 올라가다가, 연기에서 머무르다.
10월 서울로 가는 도중, 같이 부름을 받았던 박세채와 만나다.

77세 1월 입대하다. 치사(나이 70세가 넘으면 벼슬하지 않는다)를 거듭 청하다.
스승 김장생의 손자 김익훈을 두둔하다.
우암에게 집을 주어 떠나지 못하게 하기를 청하였으나, 사양하다.
왕명으로 송대의 하번, 진동, 구양철 등의 사당을 세우다.
2일 입시하여, 내수사를 혁파하여 구휼 비용으로 쓰기를 촉구하다.
24일 주강에 입시, 「시전」을 강하다. 이현석의 석방을 청하다.
야강에 입시, 「심경」을 강하다.
27일 희정당에 입대하고 수치를 올려 국사를 논하다.
2월 무지개가 오랫동안 태양을 뚫는 이변에 생겨 정사를 논하다.
2일 상소하여 효종의 묘를 세실로 삼기를 청하다.

27일 김익훈을 옹호하자 소론의 공격을 받다. 공안 개정에 찬성하다.
3월 5일 왕이 휴치를 허락하다.
9일 태조의 휘호에 '소의정륜(昭義正倫) 네 자를 더할 것을 청하다.
26일 건의가 받아들여지지 않자 서울을 떠나기로 결심하다.
28일 태조의 휘호를 올리자는 회의에서 박세채가 반대하다.

4월 1일 인정전에 입조하고 주강에 입시하다.
윤증 등 소론의 비판이 날로 격렬해지다.
14일 영동으로 가서 금강산을 유람하다.
5월 3일 왕이 승지를 보내 전유하다.
15일 왕이 이조판서 이숙을 보내 전유하다.
유상운 편지에 답하여 당시 자신의 처지를 변명하다.
28일 낙향하여 충주까지 내려오다.
6월 1일 왕이 승지를 보내어 전유하다.
22일 명으로 「주자대전봉사주차차의」를 올리다.
윤6월 상소하고 대죄하다.
7월 3일 왕이 별유를 내렸다.
22일 왕이 「주자대전」을 주석하라고 명하다.
8월 6일 「주자대전」을 초선하여 올리다.
17일 화양으로 들어가다. 권상하 등과 교서하다.
10월 26일 왕이 병나자 서울로 가다.
11월 6일 이계주, 박세채 등과 고양 향동에 모였다.
태조 모효, 공물 경감, 근래의 대론 문제 등 3가지 문제를 논하다.
그 후 박세채와 더욱 사이가 벌어지다.
8일 고양에서 서울로 가다.
왕이 머물러 있으라고 하였으나 화양으로 돌아가다.
12월 왕대비가 죽어 서울로 가다.
왕과 만나고 왕비의 지문을 지으라고 명받아 서울 집에 머무르다.

78세 (1684년. 숙종 10)
1월 15일 명성황후의 지문을 지은 후, 판교로 가다.
5월 왕이 「심경 석의」를 감사하라고 김창협을 보내었으나 병으로 미루다.
우암이 윤증 사이에 거국적인 논란이 되자, 박세채가 상소하다.
윤증이 박세채에게 서신을 보내 우암을 비난하다.
11월 경기도 지평의 사돈(손자 희석의 장인) 이계주를 방문하러 가다.
이에 왕이 만나기를 청하였으나 사양하다.
12월 6일 서울로 가서 입대하다. 성학에 힘쓰기를 권면하다.

79세 1월 3일 화양동으로 가다.
  10일 권상하와 주자서를 교감하다.
  24일 회천으로 가다.
2월 21일 화양에서 권상하와 주자서를 교감하다.
3월 판교로 돌아가다.
4월 경연에서 강독할 차례에 관한 의논을 올리다.
7월 왕이 다시 불렀으나 가지 않다.
9월 윤증이 율곡의 귀의 사실을 들어 윤선거의 무고를 상소하다.
  이 일로 우암이 크게 노하고, 또 정계가 시끄러워지다.
  이에 우암이 율곡·사계와 강화도에서 자결한 권순장·김익겸을 변론하다.

80세 (1686년, 숙종 12)
3월 화양동으로 가다. 「주서차의」를 교감하고, 속리산을 구경하다.
  왕이 우암이 교감한 「주자대전차의」를 간행하라고 명 하였으나, 내용이 완벽
  하지 못하다고 중지를 청하다.
윤4월 왕이 사람을 시켜 그 책을 가져가다.
10월 흥농 서재(남간정사)로 가다.
12월 박세채가 율곡의 「외집」과 「별집」을 편찬 간행했다.
  그러나 「태극 문답」 등 몇 가지 문제가 있어 우암이 간행을 만류하다.

81세 1월 28일 상소하여 존주대의를 진술하다. 아울러 윤증 부자의 일을 말하다.
3월 윤증이 우암의 상소를 보고, 나량좌 등이 우암을 비판하다.
8월 화양에서 권상하와 만나다.
  보은에 가서 가묘에 참배하고, 회덕으로 가다.

82세 1월 나량좌의 석방을 청하여 왕이 허락하다.
2월 외재 이계주와 윤증 일로 서신을 교환하다.
4월 화양에서 권상하·김창협 등과 「주자대전차의」를 교감하다.

83세 (1689년, 숙종 15) 기사환국이 일어나다.
1월 상소하여 원자의 위호(작위와 명호)는 아직 이르다고 논하다.
  이에 왕이 분노하여 우암을 삭출하고 제주로 귀양 보내다.
2월 8일 제주로 귀양을 떠나다.
  11일 연산을 지나가다 사계의 묘에 글로써 고하다.
  귀양 가면서 「주자대전차의」 서문을 쓰다.
  16일 권상하와 이별하며 뒷일을 부탁하다.
  24일 강진에 이르러 그곳의 문인 박광일, 박중회 등과 경전을 강론하다.
3월 4일 제주도에 도착하여 위리안치 되다.

　　　　　손자 주석과「주자대전」「주자어류」「역학계몽」「강목」등의 책을 읽다.
　　　　　15일 율곡 우계 두 선생의 출향 소식을 듣다.
　윤3월「논맹흑문정의통고」를 편수하다.
　　　　　　이 서문을 쓰고 권상하에게 보내 교감 수정하라고 하다.
　4월 김수항이 사형당하다.
　5월 14일 권상하에게 글을 보내어 영결을 고하다.
　　　　　화양동에 사당을 세워 명의 신종과 의종의 제사를 부탁하다.
　　　　　17일 돌아가신 부모님께 고하는 글을 짓다.
　　　　　박세채에게 편지로 영결하다.
　　　　　28일 해남에 도착
　6월 3일 장성에 도착. 김수항의 묘지문을 짓다.
　　　　　7일 정읍에 도착.
　　　　　8일 사약을 받다.
　　　　　12일 발인하다.

1694년 숙종 20년
　　　　　4월 10일 관작을 회복하고 제사를 내리다.
　　　　　폐비 민 씨를 복위시키다.
　　　　　수원에 매곡서원을 세우다.
　　　　　정읍 모천에 고암서원을 세우다.
　　　　　충주 누암에 누암서원을 세우다.

1695년 숙종 21년
　　　　　시호로 문정을 내리다.
　　　　　덕원에 용진서원을 세우다.
　　　　　화양동에 화양서원을 세우다.

1696년 1월 도봉서원에 병향하다.
　　　　　11월 계좌에 이장하다.

1696년 회덕 흥농 남간정사에 영당을 세우다.
　　　　　옥천 용문정사 옆에 영당을 세우다.

1698년 홍계적 등이 상소하여, 박세당의「사변록」을 태우고 삭출하다.

1704년 권상하가 화양동에 만동묘를 세우고, 화양동 서제에 우암의 영정을 봉안하다.
　　　　　왕이 3월 19일 후원에서 의종황제에게 제사지내다.
　　　　　사당은 그만두고, 대신에 대보단을 설치하다.

거제에서 반곡에 서원을 세우고 영정을 봉안하다.

1705년 장기에 영당을 세우다.

1709년 예산에 집성사를 세워, 주자의 영정과 우암을 배향하다.

1710년 권상하가 묘표를 완성하다.

1713년 진잠 성전리에 영당을 세우다.

1716년 왕이 윤선거의 묘갈문과 윤증의 신유의서를 들이라고 명하다.
숙종이 화양서원의 현판을 직접 써서 내리고 승지를 보내 치제하다.
정호 등이 윤증을 죄주기를 청하다.
숙종이 윤선거 문집의 판본을 부수고, 윤증의 시호와 서원을 세우라는 명을 환수하다.
윤선거 윤증 부자의 관작을 추탈하고, 사원의 은액을 철거하다.

1717년 숙종 43년
숙종이 승지를 보내 우암 묘소에 제사지내다.
판서 김진후가 교서관에 명하여 문집을 간행하게 하다.
김진후가 「경례의의」를 간행하다. 문집에 도합 191권이다.
대사헌 이희조가 「송문정문초」 2권을 왕에게 바치다.

1718년 영동의 황간 한천에 서원을 세우다.

1721년 경종 원년

1722년 다시 윤증 부자를 변호하는 상소가 잇따르다.

1723년 도봉서원에서 우암을 출향하다.

1724년 화양서원을 제외한 모든 우암 사원의 은액을 철거하다.

1725년 영조 원년
도봉서원에 도로 우암을 배향할 것을 명하고 관원을 보내 제사하다.
모든 우암의 서원에 은액을 도로 걸도록 명하다.
관원을 보내 화양서원에 제사지내다.

1726년 화양동 환장암 옆에 운한각을 짓고, 의종의 친필 '비례부동'과 숙종의 친필 화양서원 편액을 봉안하다.
수옹공에게 시호 경헌을 추증하다.

1732년 연보 완성. 5책.

1756년 영조 32년
2월 15일 문묘에 배향하다.
3월 의정부 영의정을 추증하다.

1757년 청주 청천면 임좌 언덕으로 선생의 묘를 이장하다.
윤봉구가 묘지문을 쓰다.

1775년 손자 택규를 수령에 제수하다.

1776년 정조 원년
4월 이명휘가 만동묘 철거를 주장하는 상소를 올렸다가 장형을 받고 유배가다 죽다.
5월 효종의 묘정에 배향하다.
6월 정조가 우암 자소 송환철을 불러, 효종의 밀찰과 독대 설화를 가져오게
      하여 보다. 정조가 손 송택규에게 전서를 출간 준비를 지시하다.
10월 정조가 만동묘의 편액을 친히 써서 만동묘에 달다.

1778년 2월 구룡촌에 유허비를 세우다.
4월 묘정 배향의 예를 행하다.(국상 때문에 이때 시행하다.)

1779년 정조가 우암 묘비 대자를 친히 쓰고 비명을 짓다.

1781년 소현서원에 배향하다.

1783년 정조 7년
정조가 친히 제문을 지어 화양과 석담 서원에 규장각 각신들을 보내 제사하다.

1785년 8월 여주의 여강의 서원을 세워, 대로사라고 은액을 내리다.
10월 승지를 보내 고암서원에 제사하고, 권상하를 배향하다.

1787년 9월 평양감영에서 「대전」을 간행하다. 감사 이명식이 출판하다.
          102책. 수권 1편과 범례와 목록과 부록은 교정소에서 간행했다.
10월 정조가 전서로 대로사비를 친히 쓰고, 비문을 짓고 손수 써서 내리다.
11월 대로사에서 제사하다.

우암 송시열 선생 공부하기
조선 성리학의 순교자 송자
남간사유회 편저

발 행 일	2018년 12월 20일
엮 은 이	남간사유회(회장 송준빈)
발 행 인	李憲錫
발 행 처	오늘의문학사
출판등록	제55호(1993년 6월 23일)
주　　소	대전광역시 동구 대전로867번길 52(한밭오피스텔 401호)
전화번호	(042)624-2980
팩시밀리	(042)628-2983
전자우편	hs2980@hanmail.net
카　　페	cafe.daum.net/gljang(문학사랑 글짱들)
	cafe.daum.net/art-i-ma(아트매거진)

공 급 처	한국출판협동조합
주문전화	(070)7119-1752
팩시밀리	(031)944-8234~6

ISBN 978-89-5669-986-8　43900
값 15,000원

ⓒ남간사유회, 2018

* 이 책은 (주)교보문고에서 eBook(전자책)으로 제작하여 판매합니다.
* 잘못 제작된 책은 바꾸어 드립니다.

* 이 책은 대전광역시로부터 발간비를 지원받아 제작되었습니다.

이 도서의 국립중앙도서관 출판예정도서목록(CIP)은 서지정보유통지원시스템
홈페이지(http://seoji.nl.go.kr)와 국가자료종합목록시스템(http://www.nl.go.kr/kolisnet)에서
이용하실 수 있습니다. (CIP제어번호 : CIP2019002812)